*Das 3. Gesetzbuch
aus dem Alten Testament der Bibel*

Das 3. Buch Mose

Leviticus

*In der Wüste Sinai
erhält das Volk Israel Anweisungen
für Opfer und Gottesdienst*

*Von Opfergaben, Aarons Priesterweihe,
rituellen Reinheitsgeboten, Jom Kippur
und Heiligkeitsgesetzen*

*Übersetzung nach
Martin Luther 1545*

Bibliografische Information der Deutschen Nationalbibliothek:
Die Deutsche Nationalbibliothek verzeichnet diese Publikation in der Deutschen Nationalbibliografie; detaillierte bibliografische Daten sind im Internet über http://dnb.dnb.de abrufbar.

TWENTYSIX – Der Self-Publishing-Verlag

Eine Marke der Books on Demand GmbH

Herstellung und Verlag:
BoD – Books on Demand, Norderstedt

ISBN: 978-3-740-77167-6

Übersetzung: **Martin Luther 1545**

Layout, Schriftsatz, Formatierung:
Antonia Katharina Tessnow
www.antonia-katharina.de

1. Kapitel

Gesetz der Brandopfer.

1 Und der HERR rief Mose und redete mit ihm aus der Hütte des Stifts und sprach:

2 Rede mit den Kindern Israel und sprich zu ihnen: Welcher unter euch dem HERRN ein Opfer tun will, der tue es von dem Vieh, von Rindern und Schafen.

3 Will er ein Brandopfer tun von Rindern, so opfere er ein Männlein, das ohne Fehl sei, vor der Tür der Hütte des Stifts, daß es dem HERRN angenehm sei von ihm,

4 und lege seine Hand auf des Brandopfers Haupt, so wird es angenehm sein und ihn versöhnen.

5 Und er soll das junge Rind schlachten vor dem HERRN; und die Priester, Aarons Söhne, sollen das Blut herzubringen und auf den Altar umhersprengen, der vor der Tür der Hütte des Stifts ist.

6 Und man soll dem Brandopfer die Haut abziehen, und es soll in Stücke zerhauen

werden;

7 und die Söhne Aarons, des Priesters, sollen ein Feuer auf dem Altar machen und Holz obendarauf legen

8 und sollen die Stücke, den Kopf und das Fett auf das Holz legen, das auf dem Feuer auf dem Altar liegt.

9 Das Eingeweide aber und die Schenkel soll man mit Wasser waschen, und der Priester soll das alles anzünden auf dem Altar zum Brandopfer. Das ist ein Feuer zum süßen Geruch dem HERRN.

10 Will er aber von Schafen oder Ziegen ein Brandopfer tun, so opfere er ein Männlein, das ohne Fehl sei.

11 Und soll es schlachten zur Seite des Altars gegen Mitternacht vor dem HERRN. Und die Priester, Aarons Söhne, sollen sein Blut auf den Altar umhersprengen.

12 Und man soll es in Stücke zerhauen, und der Priester soll sie samt dem Kopf und dem Fett auf das Holz und Feuer, das auf dem Altar ist, legen.

13 Aber das Eingeweide und die Schenkel soll man mit Wasser waschen, und der Priester soll es alles opfern und

anzünden auf dem Altar zum Brandopfer. Das ist ein Feuer zum süßen Geruch dem HERRN.

14 Will er aber von Vögeln dem HERRN ein Brandopfer tun, so tue er's von Turteltauben oder von jungen Tauben.

15 Und der Priester soll's zum Altar bringen und ihm den Kopf abkneipen, daß es auf dem Altar angezündet werde, und sein Blut ausbluten lassen an der Wand des Altars.

16 Und seinen Kropf mit seinen Federn soll man neben den Altar gegen Morgen auf den Aschenhaufen werfen;

17 und soll seine Flügel spalten, aber nicht abbrechen. Und also soll's der Priester auf dem Altar anzünden, auf dem Holz, auf dem Feuer zum Brandopfer. Das ist ein Feuer zum süßen Geruch dem HERRN.

2. Kapitel

Gesetz der Speisopfer.

1 Wenn eine Seele dem HERRN ein

Speisopfer tun will, so soll es von Semmelmehl sein, und sie sollen Öl darauf gießen und Weihrauch darauf legen

2 und es also bringen zu den Priestern, Aarons Söhnen. Da soll der Priester seine Hand voll nehmen von dem Semmelmehl und Öl, samt dem ganzen Weihrauch und es anzünden zum Gedächtnis auf dem Altar. Das ist ein Feuer zum süßen Geruch dem HERRN.

3 Das übrige aber vom Speisopfer soll Aarons und seiner Söhne sein. Das soll ein Hochheiliges sein von den Feuern des HERRN.

4 Will er aber sein Speisopfer tun vom Gebackenen im Ofen, so nehme er Kuchen von Semmelmehl, ungesäuert, mit Öl gemengt, oder ungesäuerte Fladen, mit Öl bestrichen.

5 Ist aber dein Speisopfer etwas vom Gebackenen in der Pfanne, so soll's von ungesäuertem Semmelmehl mit Öl gemengt sein;

6 und sollst's in Stücke zerteilen und Öl darauf gießen, so ist's ein Speisopfer.

7 Ist aber dein Speisopfer etwas auf dem Rost Geröstetes, so sollst du es von Semmelmehl mit Öl machen

8 und sollst das Speisopfer, das du von solcherlei machen willst dem HERRN, zu dem Priester bringen; der soll es zu dem Altar bringen

9 und des Speisopfers einen Teil abzuheben zum Gedächtnis und anzünden auf dem Altar. Das ist ein Feuer zum süßen Geruch dem HERRN.

10 Das übrige aber soll Aarons und seiner Söhne sein. Das soll ein Hochheiliges sein von den Feuern des HERRN.

11 Alle Speisopfer, die ihr dem HERRN opfern wollt, sollt ihr ohne Sauerteig machen; denn kein Sauerteig noch Honig soll dem HERRN zum Feuer angezündet werden.

12 Unter den Erstlingen sollt ihr sie dem HERRN bringen; aber auf den Altar sollen sie nicht kommen zum süßen Geruch.

13 Alle deine Speisopfer sollst du salzen, und dein Speisopfer soll nimmer ohne Salz des Bundes deines Gottes sein; denn in allem deinem Opfer sollst du Salz

opfern.

14 Willst du aber ein Speisopfer dem HERRN tun von den ersten Früchten, so sollst du Ähren, am Feuer gedörrt, klein zerstoßen und also das Speisopfer deiner ersten Früchte opfern;

15 und sollst Öl darauf tun und Weihrauch darauf legen, so ist's ein Speisopfer.

16 Und der Priester soll einen Teil von dem Zerstoßenen und vom Öl mit dem ganzen Weihrauch anzünden zum Gedächtnis. Das ist ein Feuer dem HERRN.

3. Kapitel

Gesetz von Dankopfern.

1 Ist aber sein Opfer ein Dankopfer von Rindern, es sei ein Ochse oder eine Kuh, soll er eins opfern vor dem HERRN, das ohne Fehl sei.

2 Und soll seine Hand auf desselben Haupt legen und es schlachten vor der Tür der Hütte des Stifts. Und die Priester,

Aarons Söhne, sollen das Blut auf den Altar umhersprengen.

3 Und er soll von dem Dankopfer dem HERRN opfern, nämlich das Fett, welches die Eingeweide bedeckt, und alles Fett am Eingeweide

4 und die zwei Nieren mit dem Fett, das daran ist, an den Lenden, und das Netz um die Leber, an den Nieren abgerissen.

5 Und Aarons Söhne sollen's anzünden auf dem Altar zum Brandopfer, auf dem Holz, das auf dem Feuer liegt. Das ist ein Feuer zum süßen Geruch dem HERRN.

6 Will er aber dem HERRN ein Dankopfer von kleinem Vieh tun, es sei ein Widder oder Schaf, so soll's ohne Fehl sein.

7 Ist's ein Lämmlein, soll er's vor den HERRN bringen

8 und soll seine Hand auf desselben Haupt legen und es schlachten vor der Hütte des Stifts. Und die Söhne Aarons sollen sein Blut auf dem Altar umhersprengen.

9 Und er soll also von dem Dankopfer dem HERRN opfern zum Feuer, nämlich sein Fett, den ganzen Schwanz, von dem

Rücken abgerissen, dazu das Fett, welches das Eingeweide bedeckt, und alles Fett am Eingeweide,

10 die zwei Nieren mit dem Fett, das daran ist, an den Lenden, und das Netz um die Leber, an den Nieren abgerissen.

11 Und der Priester soll es anzünden auf dem Altar zur Speise des Feuers dem HERRN.

12 Ist aber sein Opfer eine Ziege und er bringt es vor den HERRN,

13 soll er seine Hand auf ihr Haupt legen und sie schlachten vor der Hütte des Stifts. Und die Söhne Aarons sollen das Blut auf dem Altar umhersprengen,

14 und er soll davon opfern ein Opfer dem HERRN, nämlich das Fett, welches die Eingeweide bedeckt, und alles Fett am Eingeweide,

15 die zwei Nieren mit dem Fett, das daran ist, an den Lenden, und das Netz über der Leber, an den Nieren abgerissen.

16 Und der Priester soll's anzünden auf dem Altar zur Speise des Feuers zum süßen Geruch. Alles Fett ist des HERRN.

17 Das sei eine ewige Sitte bei euren Nachkommen in allen Wohnungen, daß ihr kein Fett noch Blut esset.

4. Kapitel

Gesetz von Sündopfern.

1 Und der HERR redete mit Mose und sprach:

2 Rede mit den Kindern Israel und sprich: Wenn eine Seele sündigen würde aus Versehen an irgend einem Gebot des HERRN und täte, was sie nicht tun sollte:

3 nämlich so der Priester, der gesalbt ist, sündigen würde, daß er eine Schuld auf das Volk brächte, der soll für seine Sünde, die er getan hat, einen jungen Farren bringen, der ohne Fehl sei, dem HERRN zum Sündopfer.

4 Und soll den Farren vor die Tür der Hütte des Stifts bringen vor den HERRN und seine Hand auf desselben Haupt legen und ihn schlachten vor dem HERRN.

5 Und der Priester, der gesalbt ist, soll

von des Farren Blut nehmen und es in die Hütte des Stifts bringen

6 und soll seinen Finger in das Blut tauchen und damit siebenmal sprengen vor dem HERRN, vor dem Vorhang im Heiligen.

7 Und soll von dem Blut tun auf die Hörner des Räucheraltars, der vor dem HERRN in der Hütte des Stifts steht, und alles übrige Blut gießen an den Boden des Brandopferaltars, der vor der Tür der Hütte des Stifts steht.

8 Und alles Fett des Sündopfers soll er abheben, nämlich das Fett, welches das Eingeweide bedeckt, und alles Fett am Eingeweide,

9 die zwei Nieren mit dem Fett, das daran ist, an den Lenden, und das Netz über der Leber, an den Nieren abgerissen,

10 gleichwie er's abhebt vom Ochsen im Dankopfer; und soll es anzünden auf dem Brandopferaltar.

11 Aber das Fell des Farren mit allem Fleisch samt Kopf und Schenkeln und das Eingeweide und den Mist,

12 das soll er alles hinausführen aus dem

Lager an eine reine Stätte, da man die Asche hin schüttet, und soll's verbrennen auf dem Holz mit Feuer.

13 Wenn die ganze Gemeinde Israel etwas versehen würde und die Tat vor ihren Augen verborgen wäre, daß sie wider irgend ein Gebot des HERRN getan hätten, was sie nicht tun sollten, und also sich verschuldeten,

14 und darnach ihrer Sünde innewürden, die sie getan hätten, sollen sie einen jungen Farren darbringen zum Sündopfer und vor die Tür der Hütte des Stifts stellen.

15 Und die Ältesten von der Gemeinde sollen ihre Hände auf sein Haupt legen vor dem HERRN und den Farren schlachten vor dem HERRN.

16 Und der Priester, der gesalbt ist, soll Blut vom Farren in die Hütte des Stifts bringen

17 und mit seinem Finger siebenmal sprengen vor dem HERRN vor dem Vorhang.

18 Und soll von dem Blut auf die Hörner des Altars tun, der vor dem HERRN steht in der Hütte des Stifts, und alles andere

Blut an den Boden des Brandopferaltars gießen, der vor der Tür der Hütte des Stifts steht.

19 Alles sein Fett aber soll er abheben und auf dem Altar anzünden.

20 Und soll mit dem Farren tun, wie er mit dem Farren des Sündopfers getan hat. Und soll also der Priester sie versöhnen, so wird's ihnen vergeben.

21 Und soll den Farren hinaus vor das Lager tragen und verbrennen, wie er den vorigen Farren verbrannt hat. Das soll das Sündopfer der Gemeinde sein.

22 Wenn aber ein Fürst sündigt und irgend etwas wider des HERRN, seines Gottes, Gebote tut, was er nicht tun sollte, und versieht etwas, daß er verschuldet,

23 und er wird seiner Sünde inne, die er getan hat, der soll zum Opfer bringen einen Ziegenbock ohne Fehl,

24 und seine Hand auf des Bockes Haupt legen und ihn schlachten an der Stätte, da man die Brandopfer schlachtet vor dem HERRN. Das sei sein Sündopfer.

25 Da soll denn der Priester von dem Blut des Sündopfers nehmen mit seinem Finger und es auf die Hörner des

Brandopferaltars tun und das andere Blut an den Boden des Brandopferaltars gießen.

26 Aber alles sein Fett soll er auf dem Altar anzünden gleich wie das Fett des Dankopfers. Und soll also der Priester seine Sünde versöhnen, so wird's ihm vergeben.

27 Wenn aber eine Seele vom gemeinen Volk etwas versieht und sündigt, daß sie wider irgend eines der Gebote des HERRN tut, was sie nicht tun sollte, und sich also verschuldet,

28 und ihrer Sünde innewird, die sie getan hat, die soll zum Opfer eine Ziege bringen ohne Fehl für die Sünde, die sie getan hat,

29 und soll ihre Hand auf des Sündopfers Haupt legen und es schlachten an der Stätte des Brandopfers.

30 Und der Priester soll von dem Blut mit seinem Finger nehmen und auf die Hörner des Altars des Brandopfers tun und alles andere Blut an des Altars Boden gießen.

31 All sein Fett aber soll er abreißen, wie er das Fett des Dankopfers abgerissen

hat, und soll's anzünden auf dem Altar zum süßen Geruch dem HERRN. Und soll also der Priester sie versöhnen, so wird's ihr vergeben.

32 Wird er aber ein Schaf zum Sündopfer bringen, so bringe er ein weibliches, das ohne Fehl ist,

33 und lege seine Hand auf des Sündopfers Haupt und schlachte es zum Sündopfer an der Stätte, da man die Brandopfer schlachtet.

34 Und der Priester soll von dem Blut mit seinem Finger nehmen und auf die Hörner des Brandopferaltars tun und alles andere Blut an den Boden des Altars gießen.

35 Aber all sein Fett soll er abreißen, wie er das Fett vom Schaf des Dankopfers abgerissen hat, und soll's auf dem Altar anzünden zum Feuer dem HERRN. Und soll also der Priester versöhnen seine Sünde, die er getan hat, so wird's ihm vergeben.

5. Kapitel

*Forsetzung vom Sündopfer.
Gesetz vom Schuldopfer.*

1 Wenn jemand also sündigen würde, daß er den Fluch aussprechen hört und Zeuge ist, weil er's gesehen oder erfahren hat, es aber nicht ansagt, der ist einer Missetat schuldig.

2 Oder wenn jemand etwas Unreines anrührt, es sei ein Aas eines unreinen Tieres oder Viehs oder Gewürms, und wüßte es nicht, der ist unrein und hat sich verschuldet.

3 Oder wenn er einen unreinen Menschen anrührt, in was für Unreinigkeit der Mensch unrein werden kann, und wüßte es nicht und wird's inne, der hat sich verschuldet.

4 Oder wenn jemand schwört, daß ihm aus dem Mund entfährt, Schaden oder Gutes zu tun (wie denn einem Menschen ein Schwur entfahren mag, ehe er's bedächte), und wird's inne, der hat sich an der einem verschuldet.

5 Wenn's nun geschieht, daß er sich an

einem verschuldet und bekennt, daß er daran gesündigt hat,

6 so soll er für seine Schuld dieser seiner Sünde, die er getan hat, dem HERRN bringen von der Herde eine Schaf- oder Ziegenmutter zum Sündopfer, so soll ihm der Priester seine Sünden versöhnen.

7 Vermag er aber nicht ein Schaf, so bringe er dem HERRN für seine Schuld, die er getan hat, zwei Turteltauben oder zwei junge Tauben, die erste zum Sündopfer, die andere zum Brandopfer,

8 und bringe sie dem Priester. Der soll die erste zum Sündopfer machen, und ihr den Kopf abkneipen hinter dem Genick, und nicht abbrechen;

9 und sprenge mit dem Blut des Sündopfers an die Seite des Altars, und lasse das übrige Blut ausbluten an des Altars Boden. Das ist das Sündopfer,

10 Die andere aber soll er zum Brandopfer machen, so wie es recht ist. Und soll also der Priester ihm seine Sünde versöhnen, die er getan hat, so wird's ihm vergeben.

11 Vermag er aber nicht zwei Turteltauben oder zwei junge Tauben, so

bringe er für seine Sünde als ein Opfer ein zehntel Epha Semmelmehl zum Sündopfer. Er soll aber kein Öl darauf legen noch Weihrauch darauf tun; denn es ist ein Sündopfer.

12 Und soll's zum Priester bringen. Der Priester aber soll eine Handvoll davon nehmen zum Gedächtnis und anzünden auf dem Altar zum Feuer dem HERRN. Das ist ein Sündopfer.

13 Und der Priester soll also seine Sünde, die er getan hat, ihm versöhnen, so wird's ihm vergeben. Und es soll dem Priester gehören wie ein Speisopfer.

14 Und der HERR redete mit Mose und sprach:

15 Wenn sich jemand vergreift, daß er es versieht und sich versündigt an dem, das dem HERRN geweiht ist, soll er ein Schuldopfer dem HERRN bringen, einen Widder ohne Fehl von der Herde, der zwei Silberlinge wert sei nach dem Lot des Heiligtums, zum Schuldopfer.

16 Dazu was er gesündigt hat an dem Geweihten, soll er wiedergeben und den fünften Teil darüber geben, und soll's dem Priester geben; der soll ihn

versöhnen mit dem Widder des Schuldopfers, so wird's ihm vergeben.

17 Wenn jemand sündigt und tut wider irgend ein Gebot des HERRN, was er nicht tun sollte, und hat's nicht gewußt, der hat sich verschuldet und ist einer Missetat schuldig

18 und soll bringen einen Widder von der Herde ohne Fehl, der eines Schuldopfers wert ist, zum Priester; der soll ihm versöhnen, was er versehen hat und wußte es nicht, so wird's ihm vergeben.

19 Das ist das Schuldopfer; verschuldet hat er sich an dem HERRN.

6. Kapitel

Vom Brand-, Speis- und Sündopfer.

1 Und der HERR redete mit Mose und sprach:

2 Wenn jemand sündigen würde und sich damit an dem Herrn vergreifen, daß er seinem Nebenmenschen ableugnet, was ihm dieser befohlen hat, oder was

ihm zu treuer Hand getan ist, oder was er sich mit Gewalt genommen oder mit Unrecht an sich gebracht,

3 oder wenn er, was verloren ist, gefunden hat, und leugnet solches und tut einen falschen Eid über irgend etwas, darin ein Mensch wider seinen Nächsten Sünde tut;

4 wenn's nun geschieht, daß er also sündigt und sich verschuldet, so soll er wiedergeben, was er mit Gewalt genommen oder mit Unrecht an sich gebracht, oder was ihm befohlen ist, oder was er gefunden hat,

5 oder worüber er den falschen Eid getan hat; das soll er alles ganz wiedergeben, dazu den fünften Teil darüber geben dem, des es gewesen ist, des Tages, wenn er sein Schuldopfer gibt.

6 Aber für seine Schuld soll er dem HERRN zu dem Priester einen Widder von der Herde ohne Fehl bringen, der eines Schuldopfers wert ist.

7 So soll ihn der Priester versöhnen vor dem HERRN, so wird ihm vergeben alles, was er getan hat, darum er sich

verschuldet hat.

8 Und der HERR redete mit Mose und sprach:

9 Gebiete Aaron und seinen Söhnen und sprich: Dies ist das Gesetz des Brandopfers. Das Brandopfer soll brennen auf dem Herd des Altars die ganze Nacht bis an den Morgen, und es soll des Altars Feuer brennend darauf erhalten werden.

10 Und der Priester soll seinen leinenen Rock anziehen und die leinenen Beinkleider an seinen Leib und soll die Asche aufheben, die das Feuer auf dem Altar gemacht hat, und soll sie neben den Altar schütten.

11 und soll seine Kleider darnach ausziehen und andere Kleider anziehen und die Asche hinaustragen aus dem Lager an eine reine Stätte.

12 Das Feuer auf dem Altar soll brennen und nimmer verlöschen; der Priester soll alle Morgen Holz darauf anzünden und obendarauf das Brandopfer zurichten und das Fett der Dankopfer darauf anzünden.

13 Ewig soll das Feuer auf dem Altar brennen und nimmer verlöschen.

14 Und das ist das Gesetz des Speisopfers, das Aarons Söhne opfern sollen vor dem HERRN auf dem Altar.

15 Es soll einer abheben eine Handvoll Semmelmehl vom Speisopfer und vom Öl und den ganzen Weihrauch, der auf dem Speisopfer liegt, und soll's anzünden auf dem Altar zum süßen Geruch, ein Gedächtnis dem HERRN.

16 Das übrige aber sollen Aaron und seine Söhne verzehren und sollen's ungesäuert essen an heiliger Stätte, im Vorhof der Hütte des Stifts.

17 Sie sollen's nicht mit Sauerteig backen; denn es ist ihr Teil, den ich ihnen gegeben habe von meinem Opfer. Es soll ihnen ein Hochheiliges sein gleichwie das Sündopfer und Schuldopfer.

18 Was männlich ist unter den Kindern Aarons, die sollen's essen. Das sei ein ewiges Recht euren Nachkommen an den Opfern des HERRN: es soll sie niemand anrühren, er sei denn geweiht.

19 Und der HERR redete mit Mose und sprach:

20 Das soll das Opfer sein Aarons und seiner Söhne, das sie dem HERRN opfern

sollen am Tage der Salbung: ein zehntel Epha Semmelmehl als tägliches Speisopfer, eine Hälfte des Morgens, die andere Hälfte des Abends.

21 In der Pfanne mit Öl sollst du es machen und geröstet darbringen; und in Stücken gebacken sollst du solches opfern zum süßen Geruch dem HERRN.

22 Und der Priester, der unter seinen Söhnen an seiner Statt gesalbt wird, soll solches tun; das ist ein ewiges Recht. Es soll dem HERRN ganz verbrannt werden;

23 denn alles Speisopfer eines Priesters soll ganz verbrannt und nicht gegessen werden.

24 Und der HERR redete mit Mose und sprach:

25 Sage Aaron und seinen Söhnen und sprich: Dies ist das Gesetz des Sündopfers. An der Stätte, da du das Brandopfer schlachtest, sollst du auch das Sündopfer schlachten vor dem HERRN; das ist ein Hochheiliges.

26 Der Priester, der das Sündopfer tut, soll's essen an heiliger Stätte, im Vorhof der Hütte des Stifts.

27 Niemand soll sein Fleisch anrühren,

er sei denn geweiht. Und wer von seinem Blut ein Kleid besprengt, der soll das besprengte Stück waschen an heiliger Stätte.

28 Und den Topf, darin es gekocht ist, soll man zerbrechen. Ist's aber ein eherner Topf, so soll man ihn scheuern und mit Wasser spülen.

29 Was männlich ist unter den Priestern, die sollen davon essen; denn es ist ein Hochheiliges.

30 Aber all das Sündopfer, des Blut in die Hütte des Stifts gebracht wird, zu versöhnen im Heiligen, soll man nicht essen, sondern mit Feuer verbrennen.

7. Kapitel

Weitere Opfergesetze.

1 Und dies ist das Gesetz des Schuldopfers. Ein Hochheiliges ist es.

2 An der Stätte, da man das Brandopfer schlachtet, soll man auch das Schuldopfer schlachten und sein Blut auf dem Altar umhersprengen.

3 Und all sein Fett soll man opfern, den Schwanz und das Fett, welches das Eingeweide bedeckt,

4 die zwei Nieren mit dem Fett, das daran ist, an den Lenden, und das Netz über der Leber, an den Nieren abgerissen.

5 Und der Priester soll's auf dem Altar anzünden zum Feuer dem HERRN. Das ist ein Schuldopfer.

6 Was männlich ist unter den Priestern, die sollen das essen an heiliger Stätte; denn es ist ein Hochheiliges.

7 Wie das Sündopfer, also soll auch das Schuldopfer sein; aller beider soll einerlei Gesetz sein; und sollen dem Priester gehören, der dadurch versöhnt.

8 Welcher Priester jemandes Brandopfer opfert, des soll des Brandopfers Fell sein, das er geopfert hat.

9 Und alles Speisopfer, das im Ofen oder auf dem Rost oder in der Pfanne gebacken ist, soll dem Priester gehören, der es opfert.

10 Und alles Speisopfer, das mit Öl gemengt oder trocken ist, soll aller Kinder Aarons sein, eines wie des andern.

11 Und dies ist das Gesetz des Dankopfers, das man dem HERRN opfert.

12 Wollen sie ein Lobopfer tun, so sollen sie ungesäuerte Kuchen opfern, mit Öl gemengt, oder ungesäuerte Fladen, mit Öl bestrichen, oder geröstete Semmelkuchen, mit Öl gemengt.

13 Sie sollen aber solches Opfer tun auf Kuchen von gesäuerten Brot mit ihrem Lob- und Dankopfer,

14 und sollen einen von den allen dem HERRN zur Hebe opfern, und es soll dem Priester gehören, der das Blut des Dankopfers sprengt.

15 Und das Fleisch ihres Lob- und Dankopfers soll desselben Tages gegessen werden, da es geopfert ist, und nichts übriggelassen werden bis an den Morgen.

16 Ist es aber ein Gelübde oder freiwilliges Opfer, so soll es desselben Tages, da es geopfert ist, gegessen werden; so aber etwas übrigbleibt auf den andern Tag, so soll man's doch essen.

17 Aber was vom geopferten Fleisch übrigbleibt am dritten Tage, soll mit

Feuer verbrannt werden.

18 Und wo jemand am dritten Tage wird essen von dem geopferten Fleisch seines Dankopfers, so wird er nicht angenehm sein, der es geopfert hat; es wird ihm auch nicht zugerechnet werden, sondern es wird ein Gräuel sein; und welche Seele davon essen wird, die ist einer Missetat schuldig.

19 Und das Fleisch, das von etwas Unreinem berührt wird, soll nicht gegessen, sondern mit Feuer verbrannt werden. Wer reines Leibes ist, soll von dem Fleisch essen.

20 Und welche Seele essen wird von dem Fleisch des Dankopfers, das dem HERRN zugehört, und hat eine Unreinigkeit an sich, die wird ausgerottet werden von ihrem Volk.

21 Und wenn eine Seele etwas Unreines anrührt, es sei ein unreiner Mensch, ein unreines Vieh oder sonst was gräulich ist, und vom Fleisch des Dankopfers ißt, das dem HERRN zugehört, die wird ausgerottet werden von ihrem Volk.

22 Und der HERR redete mit Mose und sprach:

23 Rede mit den Kindern Israel und sprich: Ihr sollt kein Fett essen von Ochsen, Lämmern und Ziegen.

24 Aber das Fett vom Aas, und was vom Wild zerrissen ist, macht euch zu allerlei Nutz; aber essen sollt ihr's nicht.

25 Denn wer das Fett ißt von dem Vieh, davon man dem HERRN Opfer bringt, dieselbe Seele soll ausgerottet werden von ihrem Volk.

26 Ihr sollt auch kein Blut essen, weder vom Vieh noch von Vögeln, überall, wo ihr wohnt.

27 Welche Seele würde irgend ein Blut essen, die soll ausgerottet werden von ihrem Volk.

28 Und der HERR redete mit Mose und sprach:

29 Rede mit den Kindern Israel und sprich: Wer dem HERRN sein Dankopfer tun will, der soll darbringen, was vom Dankopfer dem HERRN gehört.

30 Er soll's aber mit seiner Hand herzubringen zum Opfer des HERRN; nämlich das Fett soll er bringen samt der Brust, daß sie ein Webeopfer werden vor dem HERRN.

31 Und der Priester soll das Fett anzünden auf dem Altar, aber die Brust soll Aarons und seiner Söhne sein.

32 Und die rechte Schulter sollen sie dem Priester geben zur Hebe von ihren Dankopfern.

33 Und welcher unter Aarons Söhnen das Blut der Dankopfer opfert und das Fett, des soll die rechte Schulter sein zu seinem Teil.

34 Denn die Webebrust und die Hebeschulter habe ich genommen von den Kindern Israel von ihren Dankopfern und habe sie dem Priester Aaron und seinen Söhnen gegeben zum ewigen Recht.

35 Dies ist die Gebühr Aarons und seiner Söhne von den Opfern des HERRN, des Tages, da sie überantwortet wurden Priester zu sein dem HERRN,

36 die der HERR gebot am Tage, da er sie salbte, daß sie ihnen gegeben werden sollte von den Kindern Israel, zum ewigen Recht allen ihren Nachkommen.

37 Dies ist das Gesetz des Brandopfers, des Speisopfers, des Sündopfers, des Schuldopfers, der Füllopfer und der

Dankopfer,

38 das der HERR dem Mose gebot auf dem Berge Sinai des Tages, da er ihm gebot an die Kinder Israel, zu opfern ihre Opfer dem HERRN in der Wüste Sinai.

8. Kapitel

Einweihung der Priester.

1 Und der HERR redete mit Mose und sprach:

2 Nimm Aaron und seine Söhne mit ihm samt ihren Kleidern und das Salböl und einen Farren zum Sündopfer, zwei Widder und einen Korb mit ungesäuertem Brot,

3 und versammle die ganze Gemeinde vor die Tür der Hütte des Stifts.

4 Mose tat, wie ihm der HERR gebot, und versammelte die Gemeinde vor die Tür der Hütte des Stifts

5 und sprach zu ihnen: Das ist's, was der HERR geboten hat zu tun.

6 Und nahm Aaron und seine Söhne und wusch sie mit Wasser

7 und legte ihnen den leinenen Rock an und gürtete sie mit dem Gürtel und zog ihnen den Purpurrock an und tat ihm den Leibrock an und gürtete ihn über den Leibrock her

8 und tat ihm das Amtschild an und das Schild Licht und Recht

9 und setzte ihm den Hut auf sein Haupt und setzte an den Hut oben an seiner Stirn das goldene Blatt der heiligen Krone, wie der HERR dem Mose geboten hatte.

10 Und Mose nahm das Salböl und salbte die Wohnung und alles, was darin war, und weihte es

11 und sprengte damit siebenmal auf den Altar und salbte den Altar mit allem seinem Geräte, das Handfaß mit seinem Fuß, daß es geweiht würde,

12 und goß von dem Salböl auf Aarons Haupt und salbte ihn, daß er geweiht würde,

13 und brachte herzu Aarons Söhne und zog ihnen leinene Röcke an und gürtete sie mit dem Gürtel und band ihnen Hauben auf, wie ihm der HERR geboten hatte.

14 Und ließ herzuführen einen Farren zum Sündopfer. Und Aaron und seine Söhne legten ihre Hände auf sein Haupt.

15 Da schlachtete er ihn. Und Mose nahm das Blut und tat's auf die Hörner des Altars umher mit seinem Finger und entsündigte den Altar und goß das Blut an des Altars Boden und weihte ihn, daß er ihn versöhnte.

16 Und nahm alles Fett am Eingeweide, das Netz über der Leber und die zwei Nieren mit dem Fett daran, und zündete es an auf dem Altar.

17 Aber den Farren mit seinem Fell, Fleisch und Mist verbrannte er mit Feuer draußen vor dem Lager, wie ihm der HERR geboten hatte.

18 Und brachte herzu einen Widder zum Brandopfer. Und Aaron und seine Söhne legten ihre Hände auf sein Haupt.

19 Da schlachtete er ihn. Und Mose sprengte das Blut auf den Altar umher,

20 zerhieb den Widder in Stücke und zündete an das Haupt, die Stücke und das Fett

21 und wusch die Eingeweide und Schenkel mit Wasser und zündete also

den ganzen Widder an auf dem Altar. Das war ein Brandopfer zum süßen Geruch, ein Feuer dem HERRN, wie ihm der HERR geboten hatte.

22 Er brachte auch herzu den andern Widder des Füllopfers. Und Aaron und seine Söhne legten ihre Hände auf sein Haupt.

23 Da schlachtete er ihn. Und Mose nahm von seinem Blut und tat's Aaron auf den Knorpel seines rechten Ohrs und auf den Daumen seiner rechten Hand und auf die große Zehe seines rechten Fußes.

24 Und brachte herzu Aarons Söhne und tat von dem Blut auf den Knorpel des rechten Ohrs und auf den Daumen ihrer rechten Hand und auf die große Zehe ihres rechten Fußes und sprengte das Blut auf den Altar umher.

25 Und nahm das Fett und den Schwanz und alles Fett am Eingeweide und das Netz über der Leber, die zwei Nieren mit dem Fett daran und die rechte Schulter;

26 dazu nahm er von dem Korb des ungesäuerten Brots vor dem HERRN einen ungesäuerten Kuchen und einen Kuchen geölten Brots und einen Fladen

und legte es auf das Fett und auf die rechte Schulter.

27 Und gab das allesamt auf die Hände Aarons und seiner Söhne und webte es zum Webeopfer vor dem HERRN.

28 Und nahm alles wieder von ihren Händen und zündete es an auf dem Altar oben auf dem Brandopfer. Ein Füllopfer war es zum süßen Geruch, ein Feuer dem HERRN.

29 Und Mose nahm die Brust und webte ein Webeopfer vor dem HERRN von dem Widder des Füllopfers; der ward Mose zu seinem Teil, wie ihm der HERR geboten hatte.

30 Und Mose nahm von dem Salböl und dem Blut auf dem Altar und sprengte es auf Aaron und seine Kleider, auf seine Söhne und ihre Kleider, und weihte also Aaron und seine Kleider, seine Söhne und ihre Kleider mit ihm.

31 Und sprach zu Aaron und seinen Söhnen: Kochet das Fleisch vor der Tür der Hütte des Stifts, und esset es daselbst, dazu auch das Brot im Korbe des Füllopfers, wie mir geboten ist und gesagt, daß Aaron und seine Söhne es

essen sollen.

32 Was aber übrigbleibt vom Fleisch und Brot, das sollt ihr mit Feuer verbrennen.

33 Und sollt in sieben Tagen nicht ausgehen von der Tür der Hütte des Stifts bis an den Tag, da die Tage eures Füllopfers aus sind; denn sieben Tage sind eure Hände gefüllt,

34 wie es an diesem Tage geschehen ist; der HERR hat's geboten zu tun, auf daß ihr versöhnt seid.

35 Und sollt vor der Tür der Hütte des Stifts Tag und Nacht bleiben sieben Tage lang und sollt nach dem Gebot des HERRN tun, daß ihr nicht sterbet; denn also ist mir's geboten.

36 Und Aaron und seine Söhne taten alles, was ihnen der HERR geboten hatte durch Mose.

9. Kapitel

*Das erste Opfer Aarons
wird vom Feuer verzehrt.*

1 Und am achten Tage rief Mose Aaron und seine Söhne und die Ältesten in Israel

2 und sprach zu Aaron: Nimm zu dir ein junges Kalb zum Sündopfer und einen Widder zum Brandopfer, beide ohne Fehl, und bringe sie vor den Herrn.

3 Und rede mit den Kindern Israel und sprich: Nehmt einen Ziegenbock zum Sündopfer und ein Kalb und ein Schaf, beide ein Jahr alt und ohne Fehl, zum Brandopfer

4 und einen Ochsen und einen Widder zum Dankopfer, daß wir dem HERRN opfern, und ein Speisopfer, mit Öl gemengt. Denn heute wird euch der HERR erscheinen.

5 Und sie nahmen, was Mose geboten hatte, vor der Tür der Hütte des Stifts; und es trat herzu die ganze Gemeinde und stand vor dem HERRN.

6 Da sprach Mose: Das ist's, was der HERR geboten hat, daß ihr es tun sollt, so

wird euch des HERRN Herrlichkeit erscheinen.

7 Und Mose sprach zu Aaron: Tritt zum Altar und mache dein Sündopfer und dein Brandopfer und versöhne dich und das Volk; darnach mache des Volkes Opfer und versöhne sie auch, wie der HERR geboten hat.

8 Und Aaron trat zum Altar und schlachtete das Kalb zu seinem Sündopfer.

9 Und seine Söhne brachten das Blut zu ihm, und er tauchte mit seinem Finger ins Blut und tat's auf die Hörner des Altars und goß das Blut an des Altars Boden.

10 Aber das Fett und die Nieren und das Netz von der Leber am Sündopfer zündete er an auf dem Altar, wie der HERR dem Mose geboten hatte.

11 Und das Fleisch und das Fell verbrannte er mit Feuer draußen vor dem Lager.

12 Darnach schlachtete er das Brandopfer; und Aarons Söhne brachten das Blut zu ihm, und er sprengte es auf den Altar umher.

13 Und sie brachten das Brandopfer zu

ihm zerstückt und den Kopf; und er zündete es an auf dem Altar.

14 Und er wusch das Eingeweide und die Schenkel und zündete es an oben auf dem Brandopfer auf dem Altar.

15 Darnach brachte er herzu des Volks Opfer und nahm den Bock, das Sündopfer des Volks, und schlachtete ihn und machte ein Sündopfer daraus wie das vorige.

16 Und brachte das Brandopfer herzu und tat damit, wie es recht war.

17 Und brachte herzu das Speisopfer und nahm seine Hand voll und zündete es an auf dem Altar, außer dem Morgenbrandopfer.

18 Darnach schlachtete er den Ochsen und den Widder zum Dankopfer des Volks; und seine Söhne brachten ihm das Blut, das sprengte er auf dem Altar umher.

19 Aber das Fett vom Ochsen und vom Widder, den Schwanz und das Fett am Eingeweide und die Nieren und das Netz über der Leber:

20 alles solches Fett legten sie auf die Brust; und er zündete das Fett an auf dem

Altar.

21 Aber die Brust und die rechte Schulter webte Aaron zum Webopfer vor dem HERRN, wie der HERR dem Mose geboten hatte.

22 Und Aaron hob seine Hand auf zum Volk und segnete sie; und er stieg herab, da er das Sündopfer, Brandopfer und Dankopfer gemacht hatte.

23 Und Mose und Aaron gingen in die Hütte des Stifts; und da sie wieder herausgingen, segneten sie das Volk. Da erschien die Herrlichkeit des HERRN allem Volk.

24 Und ein Feuer ging aus von dem HERRN und verzehrte auf dem Altar das Brandopfer und das Fett. Da das alles Volk sah, frohlockten sie und fielen auf ihr Antlitz.

10. Kapitel

*Nadab und Abihu
werden vom Feuer verzehrt.*

1 Und die Söhne Aarons Nadab und

Abihu nahmen ein jeglicher seinen Napf und taten Feuer darein und legten Räuchwerk darauf und brachten das fremde Feuer vor den HERRN, das er ihnen nicht geboten hatte.

2 Da fuhr ein Feuer aus von dem HERRN und verzehrte sie, daß sie starben vor dem HERRN.

3 Da sprach Mose zu Aaron: Das ist's, was der HERR gesagt hat: Ich erzeige mich heilig an denen, die mir nahe sind, und vor allem Volk erweise ich mich herrlich. Und Aaron schwieg still.

4 Mose aber rief Misael und Elzaphan, die Söhne Usiels, Aarons Vettern, und sprach zu ihnen: Tretet hinzu und traget eure Brüder von dem Heiligtum hinaus vor das Lager.

5 Und sie traten hinzu und trugen sie hinaus mit ihren leinenen Röcken vor das Lager, wie Mose gesagt hatte.

6 Da sprach Mose zu Aaron und seinen Söhnen Eleasar und Ithamar: Ihr sollt eure Häupter nicht entblößen noch eure Kleider zerreißen, daß ihr nicht sterbet und der Zorn über die ganze Gemeinde komme. Laßt eure Brüder, das ganze

Haus Israel, weinen über diesen Brand, den der HERR getan hat.

7 Ihr aber sollt nicht ausgehen von der Tür der Hütte des Stifts, ihr möchtet sterben; denn das Salböl des HERRN ist auf euch. Und sie taten, wie Mose sagte.

8 Der HERR aber redete mit Aaron und sprach:

9 Du und deine Söhne mit dir sollt keinen Wein noch starkes Getränk trinken, wenn ihr in die Hütte des Stifts geht, auf daß ihr nicht sterbet. Das sei ein ewiges Recht allen euren Nachkommen,

10 auf daß ihr könnt unterscheiden, was heilig und unheilig, was rein und unrein ist,

11 und daß ihr die Kinder Israel lehret alle Rechte, die der HERR zu ihnen geredet hat durch Mose.

12 Und Mose redete mit Aaron und mit seinen noch übrigen Söhnen, Eleasar und Ithamar: Nehmet, was übriggeblieben ist vom Speisopfer an den Opfern des HERRN, und esset's ungesäuert bei dem Altar; denn es ist ein Hochheiliges.

13 Ihr sollt's aber an heiliger Stätte essen; denn das ist dein Recht und deiner

Söhne Recht an den Opfern des HERRN; denn so ist's mir geboten.

14 Aber die Webebrust und die Hebeschulter sollst du und deine Söhne und deine Töchter mit dir essen an reiner Stätte; denn solch Recht ist dir und deinen Kindern gegeben an den Dankopfern der Kinder Israel.

15 Denn die Hebeschulter und die Webebrust soll man zu den Opfern des Fetts bringen, daß sie zum Webeopfer gewebt werden vor dem HERRN; darum ist's dein und deiner Kinder zum ewigen Recht, wie der HERR geboten hat.

16 Und Mose suchte den Bock des Sündopfers, und fand ihn verbrannt, Und er ward zornig über Eleasar und Ithamar, Aarons Söhne, die noch übrig waren, und sprach:

17 Warum habt ihr das Sündopfer nicht gegessen an heiliger Stätte? denn es ist ein Hochheiliges, und er hat's euch gegeben, daß ihr die Missetat der Gemeinde tragen sollt, daß ihr sie versöhnet vor dem HERRN.

18 Siehe, sein Blut ist nicht gekommen in das Heilige hinein. Ihr solltet es im

Heiligen gegessen haben, wie mir geboten ist.

19 Aaron aber sprach zu Mose: Siehe, heute haben sie ihr Sündopfer und ihr Brandopfer vor dem HERRN geopfert, und es ist mir also gegangen, wie du siehst; und ich sollte essen heute vom Sündopfer? Sollte das dem HERRN gefallen?

20 Da das Mose hörte, ließ er's sich gefallen.

11. Kapitel

Vom Unterschied reiner und unreiner Tiere.

1 Und der HERR redete mit Mose und Aaron und sprach zu ihnen:

2 Redet mit den Kindern Israel und sprecht: Das sind die Tiere, die ihr essen sollt unter allen Tieren auf Erden.

3 Alles, was die Klauen spaltet und wiederkäut unter den Tieren, das sollt ihr essen.

4 Was aber wiederkäut und hat Klauen und spaltet sie doch nicht, wie das Kamel,

das ist euch unrein, und ihr sollt's nicht essen.

5 Die Kaninchen wiederkäuen wohl, aber sie spalten die Klauen nicht; darum sind sie unrein.

6 Der Hase wiederkäut auch, aber er spaltet die Klauen nicht; darum ist er euch unrein.

7 Und ein Schwein spaltet wohl die Klauen, aber es wiederkäut nicht; darum soll's euch unrein sein.

8 Von diesem Fleisch sollt ihr nicht essen noch ihr Aas anrühren; denn sie sind euch unrein.

9 Dies sollt ihr essen unter dem, was in Wassern ist: alles, was Floßfedern und Schuppen hat in Wassern, im Meer und in Bächen, sollt ihr essen.

10 Alles aber, was nicht Floßfedern und Schuppen hat im Meer und in Bächen, unter allem, was sich regt in Wassern, und allem, was lebt im Wasser, soll euch eine Scheu sein,

11 daß ihr von ihrem Fleisch nicht eßt und vor ihrem Aas euch scheut.

12 Denn alles, was nicht Floßfedern und Schuppen hat in Wassern, sollt ihr

scheuen.

13 Und dies sollt ihr scheuen unter den Vögeln, daß ihr's nicht eßt: den Adler, den Habicht, den Fischaar,

14 den Geier, den Weih, und was seine Art ist,

15 und alle Raben mit ihrer Art,

16 den Strauß, die Nachteule, den Kuckuck, den Sperber mit seiner Art,

17 das Käuzlein, den Schwan, den Uhu,

18 die Fledermaus, die Rohrdommel,

19 den Storch, den Reiher, den Häher mit seiner Art, den Wiedehopf und die Schwalbe.

20 Alles auch, was sich regt und Flügel hat und geht auf vier Füßen, das soll euch eine Scheu sein.

21 Doch das sollt ihr essen von allem, was sich regt und Flügel hat und geht auf vier Füßen: was noch zwei Beine hat, womit es auf Erden hüpft;

22 von demselben mögt ihr essen die Heuschrecken, als da ist: Arbe mit seiner Art und Solam mit seiner Art und Hargol mit seiner Art und Hagab mit seiner Art.

23 Aber alles, was sonst Flügel und vier Füße hat, soll euch eine Scheu sein,

24 und sollt sie unrein achten. Wer solcher Aas anrührt, der wird unrein sein bis auf den Abend.

25 Und wer dieser Aase eines tragen wird, soll seine Kleider waschen und wird unrein sein bis auf den Abend.

26 Darum alles Getier, das Klauen hat und spaltet sie nicht und wiederkäuet nicht, das soll euch unrein sein.

27 Und alles, was auf Tatzen geht unter den Tieren, die auf vier Füßen gehen, soll euch unrein sein; wer ihr Aas anrührt, wird unrein sein bis auf den Abend.

28 Und wer ihr Aas trägt, soll seine Kleider waschen und unrein sein bis auf den Abend; denn solche sind euch unrein.

29 Diese sollen euch auch unrein sein unter den Tieren, die auf Erden kriechen: das Wiesel, die Maus, die Kröte, ein jegliches mit seiner Art,

30 der Igel, der Molch, die Eidechse, die Blindschleiche und der Maulwurf;

31 die sind euch unrein unter allem, was da kriecht; wer ihr Aas anrührt, der wird unrein sein bis auf den Abend.

32 Und alles, worauf ein solch totes Aas

fällt, das wird unrein, es sei allerlei hölzernes Gefäß oder Kleider oder Fell oder Sack; und alles Gerät, womit man etwas schafft, soll man ins Wasser tun, und es ist unrein bis auf den Abend; alsdann wird's rein.

33 Allerlei irdenes Gefäß, wo solcher Aas hineinfällt, wird alles unrein, was darin ist; und sollt's zerbrechen.

34 Alle Speise, die man ißt, so solch Wasser hineinkommt, ist unrein; und aller Trank, den man trinkt in allerlei solchem Gefäß, ist unrein.

35 Und alles, worauf solches Aas fällt, wird unrein, es sei ein Ofen oder Kessel, so soll man's zerbrechen; denn es ist unrein und soll euch unrein sein.

36 Doch die Brunnen und Gruben und Teiche bleiben rein. Wer aber ihr Aas anrührt, ist unrein.

37 Und ob solch ein Aas fiele auf Samen, den man sät, so ist er doch rein.

38 Wenn man aber Wasser über den Samen gösse, und fiele darnach ein solch Aas darauf, so würde er euch unrein.

39 Wenn ein Tier stirbt, das ihr essen mögt: wer das Aas anrührt, der ist unrein

bis an den Abend.

40 Wer von solchem Aas ißt, der soll sein Kleid waschen und wird unrein sein bis an den Abend. Also wer auch trägt ein solch Aas, soll sein Kleid waschen, und ist unrein bis an den Abend

41 Was auf Erden schleicht, das soll euch eine Scheu sein, und man soll's nicht essen.

42 Alles, was auf dem Bauch kriecht, und alles, was auf vier oder mehr Füßen geht, unter allem, was auf Erden schleicht, sollt ihr nicht essen; denn es soll euch eine Scheu sein.

43 Macht eure Seelen nicht zum Scheusal und verunreinigt euch nicht an ihnen, daß ihr euch besudelt.

44 Denn ich bin der HERR, euer Gott. Darum sollt ihr euch heiligen, daß ihr heilig seid, denn ich bin heilig, und sollt eure Seelen nicht verunreinigen an irgend einem kriechenden Tier, das auf Erden schleicht.

45 Denn ich bin der HERR, der euch aus Ägyptenland geführt hat, daß ich euer Gott sei. Darum sollt ihr heilig sein, denn ich bin heilig.

46 Dies ist das Gesetz von den Tieren und Vögeln und allerlei Tieren, die sich regen im Wasser, und allerlei Tieren, die auf Erden schleichen,

47 daß ihr unterscheiden könnt, was unrein und rein ist, und welches Tier man essen und welches man nicht essen soll.

12. Kapitel

Verordnung für die Wächerinnen.

1 Und der HERR redete mit Mose und sprach:

2 Rede mit den Kindern Israel und sprich: Wenn ein Weib empfängt und gebiert ein Knäblein, so soll sie sieben Tage unrein sein, wie wenn sie ihre Krankheit leidet.

3 Und am achten Tage soll man das Fleisch seiner Vorhaut beschneiden.

4 Und sie soll daheimbleiben dreiunddreißig Tage im Blut ihrer Reinigung. Kein Heiliges soll sie anrühren, und zum Heiligtum soll sie nicht kommen, bis daß die Tage ihrer

Reinigung aus sind.

5 Gebiert sie aber ein Mägdlein, so soll sie zwei Wochen unrein sein, wie wenn sie ihre Krankheit leidet, und soll sechsundsechzig Tage daheimbleiben in dem Blut ihrer Reinigung.

6 Und wenn die Tage ihrer Reinigung aus sind für den Sohn oder für die Tochter, soll sie ein jähriges Lamm bringen zum Brandopfer und eine junge Taube oder Turteltaube zum Sündopfer dem Priester vor die Tür der Hütte des Stifts.

7 Der soll es opfern vor dem HERRN und sie versöhnen, so wird sie rein von ihrem Blutgang. Das ist das Gesetz für die, so ein Knäblein oder Mägdlein gebiert.

8 Vermag aber ihre Hand nicht ein Schaf, so nehme sie zwei Turteltauben oder zwei junge Tauben, eine zum Brandopfer, die andere zum Sündopfer; so soll sie der Priester versöhnen, daß sie rein werde.

13. Kapitel

*Kennzeichen des Aussatzes
an Menschen und Kleidern.*

1 Und der HERR redete mit Mose und Aaron und sprach:

2 Wenn einem Menschen an der Haut seines Fleisches etwas auffährt oder ausschlägt oder eiterweiß wird, als wollte ein Aussatz werden an der Haut seines Fleisches, soll man ihn zum Priester Aaron führen oder zu einem unter seinen Söhnen, den Priestern.

3 Und wenn der Priester das Mal an der Haut des Fleisches sieht, daß die Haare in Weiß verwandelt sind und das Ansehen an dem Ort tiefer ist denn die andere Haut seines Fleisches, so ist's gewiß der Aussatz. Darum soll ihn der Priester besehen und für unrein urteilen.

4 Wenn aber etwas eiterweiß ist an der Haut des Fleisches, und doch das Ansehen der Haut nicht tiefer denn die andere Haut des Fleisches und die Haare nicht in Weiß verwandelt sind, so soll der Priester ihn verschließen sieben Tage

5 und am siebenten Tage besehen. Ist's, daß das Mal bleibt, wie er's zuvor gesehen hat, und hat nicht weitergefressen an der Haut,

6 so soll ihn der Priester abermals sieben Tage verschließen. Und wenn er ihn zum andermal am siebenten Tage besieht und findet, daß das Mal verschwunden ist und nicht weitergefressen hat an der Haut, so soll er ihn rein urteilen; denn es ist ein Grind. Und er soll seine Kleider waschen, so ist er rein.

7 Wenn aber der Grind weiterfrißt in der Haut, nachdem er vom Priester besehen worden ist, ob er rein sei, und wird nun zum andernmal vom Priester besehen,

8 wenn dann da der Priester sieht, daß der Grind weitergefressen hat in der Haut, so soll er ihn unrein urteilen; denn es ist gewiß Aussatz.

9 Wenn ein Mal des Aussatzes an einem Menschen sein wird, den soll man zum Priester bringen.

10 Wenn derselbe sieht und findet, daß Weißes aufgefahren ist an der Haut und die Haare in Weiß verwandelt und rohes

Fleisch im Geschwür ist,

11 so ist's gewiß ein alter Aussatz in der Haut des Fleisches. Darum soll ihn der Priester unrein urteilen und nicht verschließen; denn er ist schon unrein.

12 Wenn aber der Aussatz blüht in der Haut und bedeckt die ganze Haut, von dem Haupt bis auf die Füße, alles, was dem Priester vor Augen sein mag,

13 wenn dann der Priester besieht und findet, daß der Aussatz das ganze Fleisch bedeckt hat, so soll er denselben rein urteilen, dieweil es alles an ihm in Weiß verwandelt ist; denn er ist rein.

14 Ist aber rohes Fleisch da des Tages, wenn er besehen wird, so ist er unrein.

15 Und wenn der Priester das rohe Fleisch sieht, soll er ihn unrein urteilen; denn das rohe Fleisch ist unrein, und es ist gewiß Aussatz.

16 Verkehrt sich aber das rohe Fleisch wieder und verwandelt sich in Weiß, so soll er zum Priester kommen.

17 Und wenn der Priester besieht und findet, daß das Mal ist in Weiß verwandelt, soll er ihn rein urteilen; denn er ist rein.

18 Wenn jemandes Fleisch an der Haut eine Drüse wird und wieder heilt,

19 darnach an demselben Ort etwas Weißes auffährt oder rötliches Eiterweiß wird, soll er vom Priester besehen werden.

20 Wenn dann der Priester sieht, daß das Ansehen tiefer ist denn die andere Haut und das Haar in Weiß verwandelt, so soll er ihn unrein urteilen; denn es ist gewiß ein Aussatzmal aus der Drüse geworden.

21 Sieht aber der Priester und findet, daß die Haare nicht weiß sind und es ist nicht tiefer denn die andere Haut und ist verschwunden, so soll er ihn sieben Tage verschließen.

22 Frißt es weiter in der Haut, so soll er unrein urteilen; denn es ist gewiß ein Aussatzmal.

23 Bleibt aber das Eiterweiß also stehen und frißt nicht weiter, so ist's die Narbe von der Drüse, und der Priester soll ihn rein urteilen.

24 Wenn sich jemand an der Haut am Feuer brennt und das Brandmal weißrötlich oder weiß ist

25 und der Priester ihn besieht und findet das Haar in Weiß verwandelt an dem Brandmal und das Ansehen tiefer denn die andere Haut, so ist's gewiß Aussatz, aus dem Brandmal geworden. Darum soll ihn der Priester unrein urteilen; denn es ist ein Aussatzmal.

26 Sieht aber der Priester und findet, daß die Haare am Brandmal nicht in Weiß verwandelt und es nicht tiefer ist denn die andere Haut und ist dazu verschwunden, soll er ihn sieben Tage verschließen;

27 und am siebenten Tage soll er ihn besehen. Hat's weitergefressen an der Haut, so soll er unrein urteilen; denn es ist Aussatz.

28 Ist's aber gestanden an dem Brandmal und hat nicht weitergefressen an der Haut und ist dazu verschwunden, so ist's ein Geschwür des Brandmals. Und der Priester soll ihn rein urteilen; denn es ist die Narbe des Brandmals.

29 Wenn ein Mann oder Weib auf dem Haupt oder am Bart ein Mal hat

30 und der Priester das Mal besieht und findet, daß das Ansehen der Haut tiefer ist denn die andere Haut und das Haar

daselbst golden und dünn, so soll er ihn unrein urteilen; denn es ist ein aussätziger Grind des Hauptes oder des Bartes.

31 Sieht aber der Priester, daß der Grind nicht tiefer anzusehen ist denn die andere Haut und das Haar nicht dunkel ist, soll er denselben sieben Tage verschließen.

32 Und wenn er am siebenten Tage besieht und findet, daß der Grind nicht weitergefressen hat und kein goldenes Haar da ist und das Ansehen des Grindes nicht tiefer ist denn die andere Haut,

33 soll er sich scheren, doch daß er den Grind nicht beschere; und soll ihn der Priester abermals sieben Tage verschließen.

34 Und wenn er ihn am siebenten Tage besieht und findet, daß der Grind nicht weitergefressen hat in der Haut und das Ansehen ist nicht tiefer als die andere Haut, so soll er ihn rein sprechen, und er soll seine Kleider waschen; denn er ist rein.

35 Frißt aber der Grind weiter an der Haut, nachdem er rein gesprochen ist,

36 und der Priester besieht und findet,

daß der Grind also weitergefressen hat an der Haut, so soll er nicht mehr darnach fragen, ob die Haare golden sind; denn er ist unrein.

37 Ist aber vor Augen der Grind stillgestanden und dunkles Haar daselbst aufgegangen, so ist der Grind heil und er rein. Darum soll ihn der Priester rein sprechen.

38 Wenn einem Mann oder Weib an der Haut ihres Fleisches etwas eiterweiß ist

39 und der Priester sieht daselbst, daß das Eiterweiß schwindet, das ist ein weißer Grind, in der Haut aufgegangen, und er ist rein.

40 Wenn einem Manne die Haupthaare ausfallen, daß er kahl wird, der ist rein.

41 Fallen sie ihm vorn am Haupt aus und wird eine Glatze, so ist er rein.

42 Wird aber an der Glatze, oder wo er kahl ist, ein weißes oder rötliches Mal, so ist ihm Aussatz an der Glatze oder am Kahlkopf aufgegangen.

43 Darum soll ihn der Priester besehen. Und wenn er findet, daß ein weißes oder rötliches Mal aufgelaufen an seiner Glatze oder am Kahlkopf, daß es sieht, wie sonst

der Aussatz an der Haut,

44 so ist er aussätzig und unrein; und der Priester soll ihn unrein sprechen solches Mals halben auf seinem Haupt.

45 Wer nun aussätzig ist, des Kleider sollen zerrissen sein und das Haupt bloß und die Lippen verhüllt und er soll rufen: Unrein, unrein!

46 Und solange das Mal an ihm ist, soll er unrein sein, allein wohnen und seine Wohnung soll außerhalb des Lagers sein.

47 Wenn an einem Kleid ein Aussatzmal sein wird, es sei wollen oder leinen,

48 am Aufzug oder am Eintrag, es sei wollen oder leinen, oder an einem Fell oder an allem, was aus Fellen gemacht wird,

49 und wenn das Mal grünlich oder rötlich ist am Kleid oder am Fell oder am Aufzug oder am Eintrag oder an irgend einem Ding, das von Fellen gemacht ist, das ist gewiß ein Mal des Aussatzes; darum soll's der Priester besehen.

50 Und wenn er das Mal sieht, soll er's einschließen sieben Tage.

51 Und wenn er am siebenten Tage sieht, daß das Mal hat weitergefressen

am Kleid, am Aufzug oder am Eintrag, am Fell oder an allem, was man aus Fellen macht, so ist das Mal ein fressender Aussatz, und es ist unrein.

52 Und man soll das Kleid verbrennen oder den Aufzug oder den Eintrag, es sei wollen oder leinen oder allerlei Fellwerk, darin solch ein Mal ist; denn es ist fressender Aussatz, und man soll es mit Feuer verbrennen.

53 Wird aber der Priester sehen, daß das Mal nicht weitergefressen hat am Kleid oder am Aufzug oder am Eintrag oder an allerlei Fellwerk,

54 so soll er gebieten, daß man solches wasche, worin solches Mal ist, und soll's einschließen andere sieben Tage.

55 Und wenn der Priester sehen wird, nachdem das Mal gewaschen ist, daß das Mal nicht verwandelt ist vor seinen Augen und auch nicht weitergefressen hat, so ist's unrein, und sollst es mit Feuer verbrennen; denn es ist tief eingefressen und hat's vorn oder hinten schäbig gemacht.

56 Wenn aber der Priester sieht, daß das Mal verschwunden ist nach seinem

Waschen, so soll er's abreißen vom Kleid, vom Fell, von Aufzug oder vom Eintrag.

57 Wird's aber noch gesehen am Kleid, am Aufzug, am Eintrag oder allerlei Fellwerk, so ist's ein Aussatzmal, und sollst das mit Feuer verbrennen, worin solch Mal ist.

58 Das Kleid aber oder der Aufzug oder Eintrag oder allerlei Fellwerk, das gewaschen und von dem das Mal entfernt ist, soll man zum andernmal waschen, so ist's rein.

59 Das ist das Gesetz über die Male des Aussatzes an Kleidern, sie seien wollen oder leinen, am Aufzug und am Eintrag und allerlei Fellwerk, rein oder unrein zu sprechen.

14. Kapitel

*Reinigung des Aussatzes
an Menschen und an Häusern.*

1 Und der HERR redete mit Mose und sprach:

2 Das ist das Gesetz über den

Aussätzigen, wenn er soll gereinigt werden. Er soll zum Priester kommen.

3 Und der Priester soll aus dem Lager gehen und besehen, wie das Mal des Aussatzes am Aussätzigen heil geworden ist,

4 und soll gebieten dem, der zu reinigen ist, daß er zwei lebendige Vögel nehme, die da rein sind, und Zedernholz und scharlachfarbene Wolle und Isop.

5 Und soll gebieten, den einen Vogel zu schlachten in ein irdenes Gefäß über frischem Wasser.

6 Und soll den lebendigen Vogel nehmen mit dem Zedernholz, scharlachfarbener Wolle und Isop und in des Vogels Blut tauchen, der über dem frischen Wasser geschlachtet ist,

7 und besprengen den, der vom Aussatz zu reinigen ist, siebenmal; und reinige ihn also und lasse den lebendigen Vogel ins freie Feld fliegen.

8 Der Gereinigte aber soll seine Kleider waschen und alle seine Haare abscheren und sich mit Wasser baden, so ist er rein. Darnach gehe er ins Lager; doch soll er außerhalb seiner Hütte sieben Tage

bleiben.

9 Und am siebenten Tage soll er alle seine Haare abscheren auf dem Haupt, am Bart, an den Augenbrauen, daß alle Haare abgeschoren seien, und soll seine Kleider waschen und sein Fleisch im Wasser baden, so ist er rein.

10 Und am achten Tage soll er zwei Lämmer nehmen ohne Fehl und ein jähriges Schaf ohne Fehl und drei zehntel Semmelmehl zum Speisopfer, mit Öl gemengt, und ein Log Öl.

11 Da soll der Priester den Gereinigten und diese Dinge stellen vor den HERRN, vor der Tür der Hütte des Stifts.

12 Und soll das eine Lamm nehmen und zum Schuldopfer opfern mit dem Log Öl; und soll solches vor dem HERRN weben

13 und darnach das Lamm schlachten, wo man das Sündopfer und Brandopfer schlachtet, nämlich an heiliger Stätte; denn wie das Sündopfer, also ist auch das Schuldopfer des Priesters; denn es ist ein Hochheiliges.

14 Und der Priester soll von dem Blut nehmen vom Schuldopfer und dem Gereinigten auf den Knorpel des rechten

Ohrs tun und auf den Daumen seiner rechten Hand und auf die große Zehe seines rechten Fußes.

15 Darnach soll er von dem Log Öl nehmen und es in seine, des Priesters, linke Hand gießen

16 und mit seinem rechten Finger in das Öl tauchen, das in seiner linken Hand ist, und sprengen vom Öl mit seinem Finger siebenmal vor dem HERRN.

17 Vom übrigen Öl aber in seiner Hand soll er dem Gereinigten auf den Knorpel des rechten Ohrs tun und auf den rechten Daumen und auf die große Zehe seines rechten Fußes, oben auf das Blut des Schuldopfers.

18 Das übrige Öl aber in seiner Hand soll er auf des Gereinigten Haupt tun und ihn versöhnen vor dem HERRN.

19 Und soll das Sündopfer machen und den Gereinigten versöhnen seiner Unreinigkeit halben; und soll darnach das Brandopfer schlachten

20 und soll es auf dem Altar opfern samt dem Speisopfer und ihn versöhnen, so ist er rein.

21 Ist er aber arm und erwirbt mit seiner

Hand nicht so viel, so nehme er ein Lamm zum Schuldopfer, zu weben, zu seiner Versöhnung und ein zehntel Semmelmehl, mit Öl gemengt, zum Speisopfer, und ein Log Öl

22 und zwei Turteltauben oder zwei junge Tauben, die er mit seiner Hand erwerben kann, daß eine sei ein Sündopfer, die andere ein Brandopfer,

23 und bringe sie am achten Tage seiner Reinigung zum Priester vor die Tür der Hütte des Stifts, vor den HERRN.

24 Da soll der Priester das Lamm zum Schuldopfer nehmen und das Log Öl und soll's alles weben vor dem HERRN

25 und das Lamm des Schuldopfers schlachten und Blut nehmen von demselben Schuldopfer und es dem Gereinigten tun auf den Knorpel seines rechten Ohrs und auf den Daumen seiner rechten Hand und auf die große Zehe seines rechten Fußes,

26 und von dem Öl in seine, des Priesters, linke Hand gießen

27 und mit seinem rechten Finger vom Öl, das in seiner linken Hand ist, siebenmal sprengen vor dem HERRN.

28 Von dem übrigen aber in seiner Hand soll er dem Gereinigten auf den Knorpel seines rechten Ohrs und auf den Daumen seiner rechten Hand und auf die große Zehe seines rechten Fußes tun, oben auf das Blut des Schuldopfers.

29 Das übrige Öl aber in seiner Hand soll er dem Gereinigten auf das Haupt tun, ihn zu versöhnen vor dem HERRN;

30 und darnach aus der einen Turteltaube oder jungen Taube, wie seine Hand hat mögen erwerben,

31 ein Sündopfer, aus der andern ein Brandopfer machen samt dem Speisopfer. Und soll der Priester den Gereinigten also versöhnen vor dem HERRN.

32 Das sei das Gesetz für den Aussätzigen, der mit seiner Hand nicht erwerben kann, was zur Reinigung gehört.

33 Und der HERR redete mit Mose und Aaron und sprach:

34 Wenn ihr in das Land Kanaan kommt, das ich euch zur Besitzung gebe, und ich werde irgend in einem Hause eurer Besitzung ein Aussatzmal geben,

35 so soll der kommen, des das Haus ist, es dem Priester ansagen und sprechen: Es sieht mich an, als sei ein Aussatzmal an meinem Hause.

36 Da soll der Priester heißen, daß sie das Haus ausräumen, ehe denn der Priester hineingeht, das Mal zu besehen, auf daß nicht unrein werde alles, was im Hause ist; darnach soll der Priester hineingehen, das Haus zu besehen.

37 Wenn er nun das Mal besieht und findet, daß an der Wand des Hauses grünliche oder rötliche Grüblein sind und ihr Ansehen tiefer denn sonst die Wand ist,

38 so soll er aus dem Hause zur Tür herausgehen und das Haus sieben Tage verschließen.

39 Und wenn er am siebenten Tage wiederkommt und sieht, daß das Mal weitergefressen hat an des Hauses Wand,

40 so soll er die Steine heißen ausbrechen, darin das Mal ist, und hinaus vor die Stadt an einen unreinen Ort werfen.

41 Und das Haus soll man inwendig ringsherum schaben und die

abgeschabte Tünche hinaus vor die Stadt an einen unreinen Ort schütten

42 und andere Steine nehmen und an jener Statt tun und andern Lehm nehmen und das Haus bewerfen.

43 Wenn das Mal wiederkommt und ausbricht am Hause, nachdem man die Steine ausgerissen und das Haus anders beworfen hat,

44 so soll der Priester hineingehen. Und wenn er sieht, daß das Mal weitergefressen hat am Hause, so ist's gewiß ein fressender Aussatz am Hause, und es ist unrein.

45 Darum soll man das Haus abbrechen, Steine und Holz und alle Tünche am Hause, und soll's hinausführen vor die Stadt an einen unreinen Ort.

46 Und wer in das Haus geht, solange es verschlossen ist, der ist unrein bis an den Abend.

47 Und wer darin liegt oder darin ißt, der soll seine Kleider waschen.

48 Wo aber der Priester, wenn er hineingeht, sieht, daß dies Mal nicht weiter am Haus gefressen hat, nachdem das Haus beworfen ist, so soll er's rein

sprechen; denn das Mal ist heil geworden.

49 Und soll zum Sündopfer für das Haus nehmen zwei Vögel, Zedernholz und scharlachfarbene Wolle und Isop,

50 und den einen Vogel schlachten in ein irdenes Gefäß über frischem Wasser.

51 Und soll nehmen das Zedernholz, die scharlachfarbene Wolle, den Isop und den lebendigen Vogel, und in des geschlachteten Vogels Blut und in das frische Wasser tauchen, und das Haus siebenmal besprengen.

52 Und soll also das Haus entsündigen mit dem Blut des Vogels und mit dem frischen Wasser, mit dem lebendigen Vogel, mit dem Zedernholz, mit Isop und mit scharlachfarbener Wolle.

53 Und soll den lebendigen Vogel lassen hinaus vor die Stadt ins freie Feld fliegen, und das Haus versöhnen, so ist's rein.

54 Das ist das Gesetz über allerlei Mal des Aussatzes und Grindes,

55 über den Aussatz der Kleider und der Häuser,

56 über Beulen, Ausschlag und Eiterweiß,

57 auf daß man wisse, wann etwas unrein oder rein ist. Das ist das Gesetz vom Aussatz.

15. Kapitel

Von leiblicher Unreinigkeit.

1 Und der HERR redete mit Mose und Aaron und sprach:

2 Redet mit den Kindern Israel und sprecht zu ihnen: Wenn ein Mann an seinem Fleisch einen Fluß hat, derselbe ist unrein.

3 Dann aber ist er unrein an diesem Fluß, wenn sein Fleisch eitert oder verstopft ist.

4 Alles Lager, darauf er liegt, und alles, darauf er sitzt, wird unrein werden.

5 Und wer sein Lager anrührt, der soll seine Kleider waschen und sich mit Wasser baden und unrein sein bis auf den Abend.

6 Und wer sich setzt, wo er gesessen hat, der soll seine Kleider waschen und sich mit Wasser baden und unrein sein bis auf

den Abend.

7 Wer sein Fleisch anrührt, der soll seine Kleider waschen und sich mit Wasser baden und unrein sein bis auf den Abend.

8 Wenn er seinen Speichel wirft auf den, der rein ist, der soll seine Kleider waschen und sich mit Wasser baden und unrein sein bis auf den Abend.

9 Und der Sattel, darauf er reitet, wird unrein werden.

10 Und wer anrührt irgend etwas, das er unter sich gehabt hat, der wird unrein sein bis auf den Abend. Und wer solches trägt, der soll seine Kleider waschen und sich mit Wasser baden und unrein sein bis auf den Abend.

11 Und welchen er anrührt, ehe er die Hände wäscht, der soll seine Kleider waschen und sich mit Wasser baden und unrein sein bis auf den Abend.

12 Wenn er ein irdenes Gefäß anrührt, das soll man zerbrechen; aber das hölzerne Gefäß soll man mit Wasser spülen.

13 Und wenn er rein wird von seinem Fluß, so soll er sieben Tage zählen,

nachdem er rein geworden ist, und seine Kleider waschen und sein Fleisch mit fließendem Wasser baden, so ist er rein.

14 Und am achten Tage soll er zwei Turteltauben oder zwei junge Tauben nehmen und vor den HERRN bringen vor die Tür der Hütte des Stifts und dem Priester geben.

15 Und der Priester soll aus einer ein Sündopfer, aus der andern ein Brandopfer machen und ihn versöhnen vor dem HERRN seines Flusses halben.

16 Wenn einem Mann im Schlaf der Same entgeht, der soll sein ganzes Fleisch mit Wasser baden und unrein sein bis auf den Abend.

17 Und alles Kleid und alles Fell, das mit solchem Samen befleckt ist, soll er waschen mit Wasser und unrein sein bis auf den Abend.

18 Ein Weib, bei welchem ein solcher liegt, die soll sich mit Wasser baden und unrein sein bis auf den Abend.

19 Wenn ein Weib ihres Leibes Blutfluß hat, die soll sieben Tage unrein geachtet werden; wer sie anrührt, der wird unrein sein bis auf den Abend.

20 Und alles, worauf sie liegt, solange sie ihre Zeit hat, und worauf sie sitzt, wird unrein sein.

21 Und wer ihr Lager anrührt, der soll seine Kleider waschen und sich mit Wasser baden und unrein sein bis auf den Abend.

22 Und wer anrührt irgend etwas, darauf sie gesessen hat, soll seine Kleider waschen und sich mit Wasser baden und unrein sein bis auf den Abend.

23 Und wer anrührt irgend etwas, das auf ihrem Lager gewesen ist oder da, wo sie gesessen hat soll unrein sein bis auf den Abend.

24 Und wenn ein Mann bei ihr liegt und es kommt sie ihre Zeit an bei ihm, der wird sieben Tage unrein sein, und das Lager, auf dem er gelegen hat wird unrein sein.

25 Wenn aber ein Weib den Blutfluß eine lange Zeit hat, zu ungewöhnlicher Zeit oder über die gewöhnliche Zeit, so wird sie unrein sein, solange sie ihn hat; wie zu ihrer gewöhnlichen Zeit, so soll sie auch da unrein sein.

26 Alles Lager, darauf sie liegt die ganze

Zeit ihres Flußes, soll sein wie ihr Lager zu ihrer gewöhnlichen Zeit. Und alles, worauf sie sitzt, wird unrein sein gleich der Unreinigkeit ihrer gewöhnlichen Zeit.

27 Wer deren etwas anrührt, der wird unrein sein und soll seine Kleider waschen und sich mit Wasser baden und unrein sein bis auf den Abend.

28 Wird sie aber rein von ihrem Fluß, so soll sie sieben Tage zählen; darnach soll sie rein sein.

29 Und am achten Tage soll sie zwei Turteltauben oder zwei junge Tauben nehmen und zum Priester bringen vor die Tür der Hütte des Stifts.

30 Und der Priester soll aus einer machen ein Sündopfer, aus der andern ein Brandopfer, und sie versöhnen vor dem HERRN über den Fluß ihrer Unreinigkeit.

31 So sollt ihr die Kinder Israel warnen vor ihrer Unreinigkeit, daß sie nicht sterben in ihrer Unreinigkeit, wenn sie meine Wohnung verunreinigen, die unter ihnen ist.

32 Das ist das Gesetz über den, der einen Fluß hat und dem der Same im

Schlaf entgeht, daß er unrein davon wird,

33 und über die, die ihren Blutfluß hat, und wer einen Fluß hat, es sei Mann oder Weib, und wenn ein Mann bei einer Unreinen liegt.

16. Kapitel

Jährliches großes Versöhnungsfest.

1 Und der HERR redete mit Mose, nachdem die zwei Söhne Aarons gestorben waren, da sie vor dem HERRN opferten,

2 und sprach: Sage deinem Bruder Aaron, daß er nicht zu aller Zeit in das inwendige Heiligtum gehe hinter den Vorhang vor den Gnadenstuhl, der auf der Lade ist, daß er nicht sterbe; denn ich will in einer Wolke erscheinen auf dem Gnadenstuhl;

3 sondern damit soll er hineingehen: mit einem jungen Farren zum Sündopfer und mit einem Widder zum Brandopfer,

4 und soll den heiligen leinenen Rock anlegen und leinene Beinkleider an

seinem Fleisch haben und sich mit einem leinenen Gürtel gürten und den leinenen Hut aufhaben, denn das sind die heiligen Kleider, und soll sein Fleisch mit Wasser baden und sie anlegen.

5 Und soll von der Gemeinde der Kinder Israel zwei Ziegenböcke nehmen zum Sündopfer und einen Widder zum Brandopfer.

6 Und Aaron soll den Farren, sein Sündopfer, herzubringen, daß er sich und sein Haus versöhne,

7 und darnach die zwei Böcke nehmen und vor den HERRN stellen vor der Tür der Hütte des Stifts,

8 und soll das Los werfen über die zwei Böcke: ein Los dem HERRN, das andere dem Asasel.

9 Und soll den Bock, auf welchen das Los des HERRN fällt, opfern zum Sündopfer.

10 Aber den Bock, auf welchen das Los für Asasel fällt, soll er lebendig vor den HERRN stellen, daß er über ihm versöhne, und lasse den Bock für Asasel in die Wüste.

11 Und also soll er denn den Farren seines Sündopfers herzubringen und sich

und sein Haus versöhnen und soll ihn schlachten

12 und soll einen Napf voll Glut vom Altar nehmen, der vor dem HERRN steht, und die Hand voll zerstoßenen Räuchwerks und es hinein hinter den Vorhang bringen

13 und das Räuchwerk aufs Feuer tun vor dem HERRN, daß der Nebel vom Räuchwerk den Gnadenstuhl bedecke, der auf dem Zeugnis ist, daß er nicht sterbe.

14 Und soll von dem Blut des Farren nehmen und es mit seinem Finger auf den Gnadenstuhl sprengen vornean; vor den Gnadenstuhl aber soll er siebenmal mit seinem Finger vom Blut sprengen.

15 Darnach soll er den Bock, des Volkes Sündopfer, schlachten und sein Blut hineinbringen hinter den Vorhang und soll mit seinem Blut tun, wie er mit des Farren Blut getan hat, und damit auch sprengen auf den Gnadenstuhl und vor den Gnadenstuhl;

16 und soll also versöhnen das Heiligtum von der Unreinigkeit der Kinder Israel und von ihrer Übertretung in allen ihren

Sünden. Also soll er auch tun der Hütte des Stifts; denn sie sind unrein, die umher lagern.

17 Kein Mensch soll in der Hütte des Stifts sein, wenn er hineingeht, zu versöhnen im Heiligtum, bis er herausgehe; und soll also versöhnen sich und sein Haus und die ganze Gemeinde Israel.

18 Und wenn er herausgeht zum Altar, der vor dem HERRN steht, soll er ihn versöhnen und soll vom Blut des Farren und vom Blut des Bocks nehmen und es auf des Altars Hörner umher tun;

19 und soll mit seinem Finger vom Blut darauf sprengen siebenmal und ihn reinigen und heiligen von der Unreinigkeit der Kinder Israel.

20 Und wenn er vollbracht hat das Versöhnen des Heiligtums und der Hütte des Stifts und des Altars, so soll er den lebendigen Bock herzubringen.

21 Da soll Aaron seine beiden Hände auf sein Haupt legen und bekennen auf ihn alle Missetat der Kinder Israel und alle ihre Übertretung in allen ihren Sünden, und soll sie dem Bock auf das Haupt

legen und ihn durch einen Mann, der bereit ist, in die Wüste laufen lassen,

22 daß also der Bock alle ihre Missetat auf sich in eine Wildnis trage; und er lasse ihn in die Wüste.

23 Und Aaron soll in die Hütte des Stifts gehen und ausziehen die leinenen Kleider, die er anzog, da er in das Heiligtum ging, und soll sie daselbst lassen.

24 Und soll sein Fleisch mit Wasser baden an heiliger Stätte und seine eigenen Kleider antun und herausgehen und sein Brandopfer und des Volkes Brandopfer machen und beide, sich und das Volk, versöhnen,

25 und das Fett vom Sündopfer auf dem Altar anzünden.

26 Der aber den Bock für Asasel hat ausgeführt, soll seine Kleider waschen und sein Fleisch mit Wasser baden und darnach ins Lager kommen.

27 Den Farren des Sündopfers und den Bock des Sündopfers, deren Blut in das Heiligtum zu versöhnen gebracht ward, soll man hinausschaffen vor das Lager und mit Feuer verbrennen, Haut, Fleisch

und Mist.

28 Und der sie verbrennt, soll seine Kleider waschen und sein Fleisch mit Wasser baden und darnach ins Lager kommen.

29 Auch soll euch das ein ewiges Recht sein: am zehnten Tage des siebenten Monats sollt ihr euren Leib kasteien und kein Werk tun, weder ein Einheimischer noch ein Fremder unter euch.

30 Denn an diesem Tage geschieht eure Versöhnung, daß ihr gereinigt werdet; von allen euren Sünden werdet ihr gereinigt vor dem HERRN.

31 Darum soll's euch ein großer Sabbat sein, und ihr sollt euren Leib kasteien. Ein ewiges Recht sei das.

32 Es soll aber solche Versöhnung tun ein Priester, den man geweiht und des Hand man gefüllt hat zum Priester an seines Vaters Statt; und er soll die leinenen Kleider antun, die heiligen Kleider,

33 und soll also versöhnen das heiligste Heiligtum und die Hütte des Stifts und den Altar und die Priester und alles Volk der Gemeinde.

34 Das soll euch ein ewiges Recht sein, daß ihr die Kinder Israel versöhnt von allen ihren Sünden, im Jahr einmal. Und Aaron tat, wie der HERR dem Mose geboten hatte.

17. Kapitel

*Bestimmung des Ortes der Opfer.
Blut und Aas zu essen verboten.*

1 Und der HERR redete mit Mose und sprach:

2 Sage Aaron und seinen Söhnen und allen Kindern Israel und sprich zu ihnen: Das ist's, was der HERR geboten hat.

3 Welcher aus dem Haus Israel einen Ochsen oder Lamm oder Ziege schlachtet, in dem Lager oder draußen vor dem Lager,

4 und es nicht vor die Tür der Hütte des Stifts bringt, daß es dem HERRN zum Opfer gebracht werde vor der Wohnung des HERRN, der soll des Blutes schuldig sein als der Blut vergossen hat, und solcher Mensch soll ausgerottet werden

aus seinem Volk.

5 Darum sollen die Kinder Israel ihre Schlachttiere, die sie auf dem freien Feld schlachten wollen, vor den HERRN bringen vor die Tür der Hütte des Stifts zum Priester und allda ihre Dankopfer dem HERRN opfern.

6 Und der Priester soll das Blut auf den Altar des HERRN sprengen vor der Tür der Hütte des Stifts und das Fett anzünden zum süßen Geruch dem HERRN.

7 Und mitnichten sollen sie ihre Opfer hinfort den Feldteufeln opfern, mit denen sie Abgötterei treiben. Das soll ihnen ein ewiges Recht sein bei ihren Nachkommen. (1)

8 Darum sollst du zu ihnen sagen: Welcher Mensch aus dem Hause Israel oder auch ein Fremdling, der unter euch ist, ein Opfer oder Brandopfer tut

9 und bringt's nicht vor die Tür der Hütte des Stifts, daß er's dem HERRN tue, der soll ausgerottet werden von seinem Volk.

10 Und welcher Mensch, er sei vom Haus Israel oder ein Fremdling unter euch, irgend Blut ißt, wider den will ich mein Antlitz setzen und will ihn mitten aus

seinem Volk ausrotten.

11 Denn des Leibes Leben ist im Blut, und ich habe es euch auf den Altar gegeben, daß eure Seelen damit versöhnt werden. Denn das Blut ist die Versöhnung, weil das Leben in ihm ist.

12 Darum habe ich gesagt den Kindern Israel: Keine Seele unter euch soll Blut essen, auch kein Fremdling, der unter euch wohnt.

13 Und welcher Mensch, er sei vom Haus Israel oder ein Fremdling unter euch, ein Tier oder einen Vogel fängt auf der Jagd, das man ißt, der soll desselben Blut hingießen und mit Erde zuscharren.

14 Denn des Leibes Leben ist in seinem Blut, solange es lebt; und ich habe den Kindern Israel gesagt: Ihr sollt keines Leibes Blut essen; denn des Leibes Leben ist in seinem Blut; wer es ißt, der soll ausgerottet werden.

15 Und welche Seele ein Aas oder was vom Wild zerrissen ist, ißt, er sei ein Einheimischer oder Fremdling, der soll sein Kleid waschen und sich mit Wasser baden und unrein sein bis auf den Abend, so wird er rein.

16 Wo er seine Kleider nicht waschen noch sich baden wird, so soll er seiner Missetat schuldig sein.

18. Kapitel

Verbot der Heirat mit nahen Blutsverwandten und anderer schwerer Sünden.

1 Und der HERR redete mit Mose und sprach:

2 Rede mit den Kindern Israel und sprich zu ihnen: Ich bin der HERR, euer Gott.

3 Ihr sollt nicht tun nach den Werken des Landes Ägypten, darin ihr gewohnt habt, auch nicht nach den Werken des Landes Kanaan, darein ich euch führen will; ihr sollt auch nach ihrer Weise nicht halten;

4 sondern nach meinen Rechten sollt ihr tun, und meine Satzungen sollt ihr halten, daß ihr darin wandelt; denn ich bin der HERR, euer Gott.

5 Darum sollt ihr meine Satzungen halten und meine Rechte. Denn welcher Mensch dieselben tut, der wird dadurch leben; denn ich bin der HERR.

6 Niemand soll sich zu seiner nächsten Blutsfreundin tun, ihre Blöße aufzudecken; denn ich bin der HERR.

7 Du sollst deines Vaters und deiner Mutter Blöße nicht aufdecken; es ist deine Mutter, darum sollst du ihre Blöße nicht aufdecken.

8 Du sollst deines Vaters Weibes Blöße nicht aufdecken; denn sie ist deines Vaters Blöße.

9 Du sollst deiner Schwester Blöße, die deines Vaters oder deiner Mutter Tochter ist, daheim oder draußen geboren, nicht aufdecken.

10 Du sollst die Blöße der Tochter deines Sohnes oder deiner Tochter nicht aufdecken; denn es ist deine Blöße.

11 Du sollst die Blöße der Tochter deines Vaters Weibes, die deinem Vater geboren ist und deine Schwester ist, nicht aufdecken.

12 Do sollst die Blöße der Schwester deines Vaters nicht aufdecken; denn es ist deines Vaters nächste Blutsfreundin.

13 Du sollst deiner Mutter Schwester Blöße nicht aufdecken; denn es ist deiner Mutter nächste Blutsfreundin.

14 Du sollst deines Vaters Bruders Blöße nicht aufdecken, daß du sein Weib nehmest; denn sie ist deine Base.

15 Du sollst deiner Schwiegertochter Blöße nicht aufdecken; denn es ist deines Sohnes Weib, darum sollst du ihre Blöße nicht aufdecken.

16 Du sollst deines Bruders Weibes Blöße nicht aufdecken; denn sie ist deines Bruders Blöße.

17 Du sollst eines Weibes samt ihrer Tochter Blöße nicht aufdecken noch ihres Sohnes Tochter oder ihrer Tochter Tochter nehmen, ihre Blöße aufzudecken; denn sie sind ihre nächsten Blutsfreundinnen, und es ist ein Frevel.

18 Du sollst auch deines Weibes Schwester nicht nehmen neben ihr, ihre Blöße aufzudecken, ihr zuwider, solange sie noch lebt.

19 Du sollst nicht zum Weibe gehen, solange sie ihre Krankheit hat, in ihrer Unreinigkeit ihre Blöße aufzudecken.

20 Du sollst auch nicht bei deines Nächsten Weibe liegen, dadurch du dich an ihr verunreinigst.

21 Du sollst auch nicht eines deiner

Kinder dahingeben, daß es dem Moloch verbrannt werde, daß du nicht entheiligst den Namen deines Gottes; denn ich bin der HERR.

22 Du sollst nicht beim Knaben liegen wie beim Weibe; denn es ist ein Gräuel.

23 Du sollst auch bei keinem Tier liegen, daß du mit ihm verunreinigt werdest. Und kein Weib soll mit einem Tier zu schaffen haben; denn es ist ein Gräuel.

24 Ihr sollt euch in dieser keinem verunreinigen; denn in diesem allem haben sich verunreinigt die Heiden, die ich vor euch her will ausstoßen,

25 und das Land ist dadurch verunreinigt. Und ich will ihre Missetat an ihnen heimsuchen, daß das Land seine Einwohner ausspeie.

26 Darum haltet meine Satzungen und Rechte, und tut dieser Gräuel keine, weder der Einheimische noch der Fremdling unter euch;

27 denn alle solche Gräuel haben die Leute dieses Landes getan, die vor euch waren, und haben das Land verunreinigt;

28 auf daß euch nicht auch das Land ausspeie, wenn ihr es verunreinigt, gleich

wie es die Heiden hat ausgespieen, die vor euch waren.

29 Denn welche diese Gräuel tun, deren Seelen sollen ausgerottet werden von ihrem Volk.

30 Darum haltet meine Satzungen, daß ihr nicht tut nach den gräulichen Sitten, die vor euch waren, daß ihr nicht damit verunreinigt werdet; denn ich bin der HERR, euer Gott.

19. Kapitel

Auslegung der zehn Gebote.

1 Und der HERR redete mit Mose und sprach:

2 Rede mit der ganzen Gemeinde der Kinder Israel und sprich zu ihnen: Ihr sollt heilig sein; denn ich bin heilig, der HERR, euer Gott.

3 Ein jeglicher fürchte seine Mutter und seinen Vater. Haltet meine Feiertage; denn ich bin der HERR, euer Gott.

4 Ihr sollt euch nicht zu den Götzen wenden und sollt euch keine gegossenen

Götter machen; denn ich bin der HERR, euer Gott.

5 Und wenn ihr dem HERRN wollt ein Dankopfer tun, so sollt ihr es opfern, daß es ihm gefallen könnte.

6 Ihr sollt es desselben Tages essen, da ihr's opfert, und des andern Tages; was aber auf den dritten Tag übrigbleibt, soll man mit Feuer verbrennen.

7 Wird aber jemand am dritten Tage davon essen, so ist er ein Gräuel und wird nicht angenehm sein.

8 Und der Esser wird seine Missetat tragen, darum daß er das Heiligtum des HERRN entheiligte, und solche Seele wird ausgerottet werden von ihrem Volk.

9 Wenn du dein Land einerntest, sollst du nicht alles bis an die Enden umher abschneiden, auch nicht alles genau aufsammeln.

10 Also auch sollst du deinen Weinberg nicht genau lesen noch die abgefallenen Beeren auflesen, sondern dem Armen und Fremdling sollst du es lassen; denn ich bin der HERR euer Gott.

11 Ihr sollt nicht stehlen noch lügen noch fälschlich handeln einer mit dem andern.

12 Ihr sollt nicht falsch schwören bei meinem Namen und entheiligen den Namen deines Gottes; denn ich bin der HERR.

13 Du sollst deinem Nächsten nicht unrecht tun noch ihn berauben. Es soll des Tagelöhners Lohn nicht bei dir bleiben bis an den Morgen.

14 Du sollst dem Tauben nicht fluchen und sollst dem Blinden keinen Anstoß setzen; denn du sollst dich vor deinem Gott fürchten, denn ich bin der HERR.

15 Ihr sollt nicht unrecht handeln im Gericht, und sollst nicht vorziehen den Geringen noch den Großen ehren; sondern du sollst deinen Nächsten recht richten.

16 Du sollst kein Verleumder sein unter deinem Volk. Du sollst auch nicht stehen wider deines Nächsten Blut; denn ich bin der HERR.

17 Du sollst deinen Bruder nicht hassen in deinem Herzen, sondern du sollst deinen Nächsten zurechtweisen, auf daß du nicht seineshalben Schuld tragen müssest.

18 Du sollst nicht rachgierig sein noch

Zorn halten gegen die Kinder deines Volks. Du sollst deinen Nächsten lieben wie dich selbst; denn ich bin der HERR.

19 Meine Satzungen sollt ihr halten, daß du dein Vieh nicht lassest mit anderlei Tier zu schaffen haben und dein Feld nicht besäest mit mancherlei Samen und kein Kleid an dich komme, daß mit Wolle und Leinen gemengt ist.

20 Wenn ein Mann bei einem Weibe liegt, die eine leibeigene Magd und von dem Mann verschmäht ist, doch nicht erlöst noch Freiheit erlangt hat, das soll gestraft werden; aber sie sollen nicht sterben, denn sie ist nicht frei gewesen.

21 Er soll aber für seine Schuld dem HERRN vor die Tür der Hütte des Stifts einen Widder zum Schuldopfer bringen;

22 und der Priester soll ihn versöhnen mit dem Schuldopfer vor dem HERRN über die Sünde, die er getan hat, so wird ihm Gott gnädig sein über seine Sünde, die er getan hat.

23 Wenn ihr in das Land kommt und allerlei Bäume pflanzt, davon man ißt, sollt ihr mit seinen Früchten tun wie mit einer Vorhaut. Drei Jahre sollt ihr sie

unbeschnitten achten, daß ihr sie nicht esset;

24 im vierten Jahr aber sollen alle ihre Früchte heilig sein, ein Preisopfer dem HERRN;

25 im fünften Jahr aber sollt ihr die Früchte essen und sie einsammeln; denn ich bin der HERR, euer Gott.

26 Ihr sollt nichts vom Blut essen. Ihr sollt nicht auf Vogelgeschrei achten noch Tage wählen. (2)

27 Ihr sollt euer Haar am Haupt nicht rundumher abschneiden noch euren Bart gar abscheren.

28 Ihr sollt kein Mal um eines Toten willen an eurem Leibe reißen noch Buchstaben an euch ätzen; denn ich bin der HERR.

29 Du sollst deine Tochter nicht zur Hurerei halten, daß nicht das Land Hurerei treibe und werde voll Lasters.

30 Meine Feiertage haltet, und fürchtet euch vor meinem Heiligtum; denn ich bin der HERR.

31 Ihr sollt euch nicht wenden zu den Wahrsagern, und forscht nicht von den Zeichendeutern, daß ihr nicht an ihnen

verunreinigt werdet; denn ich bin der HERR, euer Gott. (3)

32 Vor einem grauen Haupt sollst du aufstehen und die Alten ehren; denn du sollst dich fürchten vor deinem Gott, denn ich bin der HERR.

33 Wenn ein Fremdling bei dir in eurem Lande wohnen wird, den sollt ihr nicht schinden.

34 Er soll bei euch wohnen wie ein Einheimischer unter euch, und sollst ihn lieben wie dich selbst; denn ihr seid auch Fremdlinge gewesen in Ägyptenland. Ich bin der HERR, euer Gott.

35 Ihr sollt nicht unrecht handeln im Gericht mit der Elle, mit Gewicht, mit Maß.

36 Rechte Waage, rechte Pfunde, rechte Scheffel, rechte Kannen sollen bei euch sein; denn ich bin der HERR, euer Gott, der euch aus Ägyptenland geführt hat,

37 daß ihr alle meine Satzungen und alle meine Rechte haltet und tut; denn ich bin der HERR.

20. Kapitel

Strafen verschiedener schwerer Sünden.

1 Und der HERR redete mit Mose und sprach:

2 Sage den Kindern Israel: Welcher unter den Kindern Israel oder ein Fremdling, der in Israel wohnt, eines seiner Kinder dem Moloch gibt, der soll des Todes sterben; das Volk im Lande soll ihn steinigen.

3 Und ich will mein Antlitz setzen wider solchen Menschen und will ihn aus seinem Volk ausrotten, daß er dem Moloch eines seiner Kinder gegeben und mein Heiligtum verunreinigt und meinen heiligen Namen entheiligt hat.

4 Und wo das Volk im Lande durch die Finger sehen würde dem Menschen, der eines seiner Kinder dem Moloch gegeben hat, daß es ihn nicht tötet,

5 so will doch ich mein Antlitz wider denselben Menschen setzen und wider sein Geschlecht und will ihn und alle, die mit ihm mit dem Moloch Abgötterei getrieben haben, aus ihrem Volke

ausrotten.

6 Wenn eine Seele sich zu den Wahrsagern und Zeichendeutern wenden wird, daß sie ihnen nachfolgt, so will ich mein Antlitz wider dieselbe Seele setzen und will sie aus ihrem Volk ausrotten.

7 Darum heiligt euch und seid heilig; denn ich bin der HERR, euer Gott.

8 Und haltet meine Satzungen und tut sie; denn ich bin der HERR, der euch heiligt.

9 Wer seinem Vater oder seiner Mutter flucht, der soll des Todes sterben. Sein Blut sei auf ihm, daß er seinem Vater oder seiner Mutter geflucht hat.

10 Wer die Ehe bricht mit jemandes Weibe, der soll des Todes sterben, beide, Ehebrecher und Ehebrecherin, darum daß er mit seines Nächsten Weibe die Ehe gebrochen hat.

11 Wenn jemand bei seines Vaters Weibe schläft, daß er seines Vater Blöße aufgedeckt hat, die sollen beide des Todes sterben; ihr Blut sei auf ihnen.

12 Wenn jemand bei seiner Schwiegertochter schläft, so sollen sie beide des Todes sterben; ihr Blut sei auf

ihnen.

13 Wenn jemand beim Knaben schläft wie beim Weibe, die haben einen Gräuel getan und sollen beide des Todes sterben; ihr Blut sei auf ihnen.

14 Wenn jemand ein Weib nimmt und ihre Mutter dazu, der hat einen Frevel verwirkt; man soll ihn mit Feuer verbrennen und sie beide auch, daß kein Frevel sei unter euch.

15 Wenn jemand beim Vieh liegt, der soll des Todes sterben, und das Vieh soll man erwürgen.

16 Wenn ein Weib sich irgend zu einem Vieh tut, daß sie mit ihm zu schaffen hat, die sollst du töten und das Vieh auch; des Todes sollen sie sterben; ihr Blut sei auf ihnen.

17 Wenn jemand seine Schwester nimmt, seines Vaters Tochter oder seiner Mutter Tochter, und ihre Blöße schaut und sie wieder seine Blöße, das ist Blutschande. Die sollen ausgerottet werden vor den Leuten ihres Volks; denn er hat seiner Schwester Blöße aufgedeckt; er soll seine Missetat tragen.

18 Wenn ein Mann beim Weibe schläft

zur Zeit ihrer Krankheit und entblößt ihre Scham und deckt ihren Brunnen auf, und entblößt den Brunnen ihres Bluts, die sollen beide aus ihrem Volk ausgerottet werden.

19 Deiner Mutter Schwester Blöße und deines Vater Schwester Blöße sollst du nicht aufdecken; denn ein solcher hat seine nächste Blutsfreundin aufgedeckt, und sie sollen ihre Missetat tragen.

20 Wenn jemand bei seines Vaters Bruders Weibe schläft, der hat seines Oheims Blöße aufgedeckt. Sie sollen ihre Sünde tragen; ohne Kinder sollen sie sterben.

21 Wenn jemand seines Bruders Weib nimmt, das ist eine schändliche Tat; sie sollen ohne Kinder sein, darum daß er seines Bruders Blöße aufgedeckt hat.

22 So haltet nun alle meine Satzungen und meine Rechte und tut darnach, auf daß euch das Land nicht ausspeie, darein ich euch führe, daß ihr darin wohnt.

23 Und wandelt nicht in den Satzungen der Heiden, die ich vor euch her werde ausstoßen. Denn solches alles haben sie getan, und ich habe einen Gräuel an

ihnen gehabt.

24 Euch aber sage ich: Ihr sollt jener Land besitzen; denn ich will euch ein Land zum Erbe geben, darin Milch und Honig fließt. Ich bin der HERR, euer Gott, der euch von allen Völkern abgesondert hat,

25 daß ihr auch absondern sollt das reine Vieh vom unreinen und unreine Vögel von den reinen, und eure Seelen nicht verunreinigt am Vieh, an Vögeln und an allem, was auf Erden kriecht, das ich euch abgesondert habe, daß es euch unrein sei.

26 Darum sollt ihr mir heilig sein; denn ich, der HERR, bin heilig, der euch abgesondert hat von den Völkern, daß ihr mein wäret.

27 Wenn ein Mann oder Weib ein Wahrsager oder Zeichendeuter sein wird, die sollen des Todes sterben. Man soll sie steinigen; ihr Blut sei auf ihnen. (4 + 5)

21. Kapitel

Die Priester sollen heilige sein und ohne Fehl.

1 Und der HERR sprach zu Mose: Sage den Priestern, Aarons Söhnen, und sprich zu ihnen: Ein Priester soll sich an keinem Toten seines Volkes verunreinigen,

2 außer an seinem Blutsfreunde, der ihm am nächsten angehört, als: an seiner Mutter, an seinem Vater, an seinem Sohne, an seiner Tochter, an seinem Bruder

3 und an seiner Schwester, die noch eine Jungfrau und noch bei ihm ist und keines Mannes Weib gewesen ist; an der mag er sich verunreinigen.

4 Sonst soll er sich nicht verunreinigen an irgend einem, der ihm zugehört unter seinem Volk, daß er sich entheilige.

5 Sie sollen auch keine Platte machen auf ihrem Haupt noch ihren Bart abscheren und an ihrem Leib kein Mal stechen.

6 Sie sollen ihrem Gott heilig sein und nicht entheiligen den Namen ihres Gottes. Denn sie opfern des HERRN Opfer, das Brot ihres Gottes; darum sollen sie heilig

sein.

7 Sie sollen keine Hure nehmen noch eine Geschwächte oder die von ihrem Mann verstoßen ist; denn er ist heilig seinem Gott.

8 Darum sollst du ihn heilig halten, denn er opfert das Brot deines Gottes; er soll dir heilig sein, denn ich bin heilig, der HERR, der euch heiligt.

9 Wenn eines Priesters Tochter anfängt zu huren, die soll man mit Feuer verbrennen; denn sie hat ihren Vater geschändet.

10 Wer Hoherpriester ist unter seinen Brüdern, auf dessen Haupt das Salböl gegossen und dessen Hand gefüllt ist, daß er angezogen würde mit den Kleidern, der soll sein Haupt nicht entblößen und seine Kleider nicht zerreißen

11 und soll zu keinem Toten kommen und soll sich weder über Vater noch über Mutter verunreinigen.

12 Aus dem Heiligtum soll er nicht gehen, daß er nicht entheilige das Heiligtum seines Gottes; denn die Weihe des Salböls seines Gottes ist auf ihm. Ich

bin der HERR.

13 Eine Jungfrau soll er zum Weibe nehmen;

14 aber keine Witwe noch Verstoßene noch Geschwächte noch Hure, sondern eine Jungfrau seines Volks soll er zum Weibe nehmen,

15 auf daß er nicht seinen Samen entheilige unter seinem Volk; denn ich bin der HERR, der ihn heiligt.

16 Und der HERR redete mit Mose und sprach:

17 Rede mit Aaron und sprich: Wenn an jemand deiner Nachkommen in euren Geschlechtern ein Fehl ist, der soll nicht herzutreten, daß er das Brot seines Gottes opfere.

18 Denn keiner, an dem ein Fehl ist, soll herzutreten; er sei blind, lahm, mit einer seltsamen Nase, mit ungewöhnlichem Glied,

19 oder der an einem Fuß oder einer Hand gebrechlich ist

20 oder höckerig ist oder ein Fell auf dem Auge hat oder schielt oder den Grind oder Flechten hat oder der gebrochen ist.

21 Welcher nun von Aarons, des Priesters, Nachkommen einen Fehl an sich hat, der soll nicht herzutreten, zu opfern die Opfer des HERRN; denn er hat einen Fehl, darum soll er zu dem Brot seines Gottes nicht nahen, daß er es opfere.

22 Doch soll er das Brot seines Gottes essen, von dem Heiligen und vom Hochheiligen.

23 Aber zum Vorhang soll er nicht kommen noch zum Altar nahen, weil der Fehl an ihm ist, daß er nicht entheilige mein Heiligtum; denn ich bin der HERR, der sie heiligt.

24 Und Mose redete solches zu Aaron und zu seinen Söhnen und zu allen Kindern Israel.

22. Kapitel

Wer von dem Heiligen essen dürfe.
Die Opfer sollen ohne Mängel sein.

1 Und der HERR redete mit Mose und sprach:

2 Sage Aaron und seinen Söhnen, daß sie sich enthalten von dem Heiligen der Kinder Israel, welches sie mir heiligen und meinen heiligen Namen nicht entheiligen, denn ich bin der HERR.

3 So sage nun ihnen auf ihre Nachkommen: Welcher eurer Nachkommen herzutritt zum Heiligen, das die Kinder Israel dem HERRN heiligen, und hat eine Unreinheit an sich, des Seele soll ausgerottet werden von meinem Antlitz; denn ich bin der HERR.

4 Welcher der Nachkommen Aarons aussätzig ist oder einen Fluß hat, der soll nicht essen vom Heiligen, bis er rein werde. Wer etwa einen anrührt, der an einem Toten unrein geworden ist, oder welchem der Same entgeht im Schlaf,

5 und welcher irgend ein Gewürm anrührt, dadurch er unrein wird, oder einen Menschen, durch den er unrein wird, und alles, was ihn verunreinigt:

6 welcher der eins anrührt, der ist unrein bis auf den Abend und soll von dem Heiligen nicht essen, sondern soll zuvor seinen Leib mit Wasser baden.

7 Und wenn die Sonne untergegangen

und er rein geworden ist, dann mag er davon essen; denn es ist seine Nahrung.

8 Ein Aas und was von wilden Tieren zerrissen ist, soll er nicht essen, auf daß er nicht unrein daran werde; denn ich bin der HERR.

9 Darum sollen sie meine Sätze halten, daß sie nicht Sünde auf sich laden und daran sterben, wenn sie sich entheiligen; denn ich bin der HERR, der sie heiligt.

10 Kein anderer soll von dem Heiligen essen noch des Priesters Beisaß oder Tagelöhner.

11 Wenn aber der Priester eine Seele um sein Geld kauft, die mag davon essen; und was ihm in seinem Hause geboren wird, das mag auch von seinem Brot essen.

12 Wenn aber des Priesters Tochter eines Fremden Weib wird, die soll nicht von der heiligen Hebe essen.

13 Wird sie aber eine Witwe oder ausgestoßen und hat keine Kinder und kommt wieder zu ihres Vaters Hause, so soll sie essen von ihres Vaters Brot, wie da sie noch Jungfrau war. Aber kein Fremdling soll davon essen.

14 Wer sonst aus Versehen von dem Heiligen ißt, der soll den fünften Teil dazutun und dem Priester geben samt dem Heiligen,

15 auf daß sie nicht entheiligen das Heilige der Kinder Israel, das sie dem HERRN heben,

16 auf daß sie sich nicht mit Missetat und Schuld beladen, wenn sie ihr Geheiligtes essen; denn ich bin der HERR, der sie heiligt.

17 Und der HERR redete mit Mose und sprach:

18 Sage Aaron und seinen Söhnen und allen Kindern Israel: Welcher Israeliter oder Fremdling in Israel sein Opfer tun will, es sei ein Gelübde oder von freiem Willen, daß sie dem HERRN ein Brandopfer tun wollen, das ihm von euch angenehm sei,

19 das soll ein Männlein und ohne Fehl sein, von Rindern oder Lämmern oder Ziegen.

20 Alles, was ein Fehl hat, sollt ihr nicht opfern; denn es wird von euch nicht angenehm sein.

21 Und wer ein Dankopfer dem HERRN

tun will, ein besonderes Gelübde oder von freiem Willen, von Rindern oder Schafen, das soll ohne Gebrechen sein, daß es angenehm sei; es soll keinen Fehl haben.

22 Ist's blind oder gebrechlich oder geschlagen oder dürr oder räudig oder hat es Flechten, so sollt ihr solches dem HERRN nicht opfern und davon kein Opfer geben auf den Altar des HERRN.

23 Einen Ochsen oder Schaf, die zu lange oder zu kurze Glieder haben, magst du von freiem Willen opfern; aber angenehm mag's nicht sein zum Gelübde.

24 Du sollst auch dem HERRN kein zerstoßenes oder zerriebenes oder zerrissenes oder das ausgeschnitten ist, opfern, und sollt im Lande solches nicht tun.

25 Du sollst auch solcher keins von eines Fremdlings Hand als Brot eures Gottes opfern; denn es taugt nicht und hat einen Fehl; darum wird's nicht angenehm sein von euch.

26 Und der HERR redete mit Mose und sprach:

27 Wenn ein Ochs oder Lamm oder Ziege geboren ist, so soll es sieben Tage bei seiner Mutter sein, und am achten Tage und darnach mag man's dem HERRN opfern, so ist's angenehm.

28 Es sei ein Ochs oder Schaf, so soll man's nicht mit seinem Jungen auf einen Tag schlachten.

29 Wenn ihr aber wollt dem HERRN ein Lobopfer tun, das von euch angenehm sei,

30 so sollt ihr's desselben Tages essen und sollt nichts übrig bis auf den Morgen behalten; denn ich bin der HERR.

31 Darum haltet meine Gebote und tut darnach; denn ich bin der HERR.

32 Daß ihr meinen heiligen Namen nicht entheiligt, und ich geheiligt werde unter den Kindern Israel; denn ich bin der HERR, der euch heiligt,

33 der euch aus Ägyptenland geführt hat, daß ich euer Gott wäre, ich, der HERR.

23. Kapitel

Von den vornehmsten Festen:
Ostern, Pfingsten, Neujahr.
Versöhnungstag. Laubhütten.

1 Und der HERR redete mit Mose und sprach:

2 Sage den Kindern Israel und sprich zu ihnen: Das sind die Feste des HERRN, die ihr heilig und meine Feste heißen sollt, da ihr zusammenkommt.

3 Sechs Tage sollst du arbeiten; der siebente Tag aber ist der große, heilige Sabbat, da ihr zusammenkommt. Keine Arbeit sollt ihr an dem tun; denn es ist der Sabbat des HERRN in allen euren Wohnungen.

4 Dies sind aber die Feste des HERRN, die ihr die heiligen Feste heißen sollt, da ihr zusammenkommt.

5 Am vierzehnten Tage des ersten Monats gegen Abend ist des HERRN Passah.

6 Und am fünfzehnten desselben Monats ist das Fest der ungesäuerten Brote des HERRN; da sollt ihr sieben Tage

ungesäuertes Brot essen.

7 Der erste Tag soll heilig unter euch heißen, da ihr zusammenkommt; da sollt ihr keine Dienstarbeit tun.

8 Und sieben Tage sollt ihr dem HERRN opfern. Der siebente Tag soll auch heilig heißen, da ihr zusammenkommt; da sollt ihr auch keine Dienstarbeit tun.

9 Und der HERR redete mit Mose und sprach:

10 Sage den Kindern Israel und sprich zu ihnen: Wenn ihr in das Land kommt, das ich euch geben werde, und werdet's ernten, so sollt ihr eine Garbe der Erstlinge eurer Ernte zu dem Priester bringen.

11 Da soll die Garbe gewebt werden vor dem HERRN, daß es von euch angenehm sei; solches soll aber der Priester tun des Tages nach dem Sabbat.

12 Und ihr sollt des Tages, da eure Garbe gewebt wird, ein Brandopfer dem HERRN tun von einem Lamm, das ohne Fehl und jährig sei,

13 samt dem Speisopfer: zwei Zehntel Semmelmehl, mit Öl gemengt, als ein Opfer dem HERRN zum süßen Geruch;

dazu das Trankopfer: ein viertel Hin Wein.

14 Und sollt kein neues Brot noch geröstete oder frische Körner zuvor essen bis auf den Tag, da ihr eurem Gott Opfer bringt. Das soll ein Recht sein euren Nachkommen in allen euren Wohnungen.

15 Darnach sollt ihr Zählen vom Tage nach dem Sabbat, da ihr die Webegarbe brachtet, sieben ganze Wochen;

16 bis an den Tag nach dem siebenten Sabbat, nämlich fünfzig Tage, sollt ihr zählen und neues Speisopfer dem HERRN opfern,

17 und sollt's aus euren Wohnungen opfern, nämlich zwei Webebrote von zwei Zehntel Semmelmehl, gesäuert und gebacken, zu Erstlingen dem HERRN.

18 Und sollt herzubringen neben eurem Brot sieben jährige Lämmer ohne Fehl und einen jungen Farren und zwei Widder, die sollen des HERRN Brandopfer sein, mit ihrem Speisopfern und Trankopfern, ein Opfer eines süßen Geruchs dem HERRN.

19 Dazu sollt ihr machen einen

Ziegenbock zum Sündopfer und zwei jährige Lämmer zum Dankopfer.

20 Und der Priester soll's weben samt den Erstlingsbroten vor dem HERRN; die sollen samt den zwei Lämmern dem HERRN heilig sein und dem Priester gehören.

21 Und sollt diesen Tag ausrufen; denn er soll unter euch heilig heißen, da ihr zusammenkommt; keine Dienstarbeit sollt ihr tun. Ein ewiges Recht soll das sein bei euren Nachkommen in allen euren Wohnungen.

22 Wenn ihr aber euer Land erntet sollt ihr nicht alles bis an die Enden des Feldes abschneiden, auch nicht alles genau auflesen, sondern sollt's den Armen und Fremdlingen lassen. Ich bin der HERR, euer Gott.

23 Und der HERR redete mit Mose und sprach:

24 Rede mit den Kindern Israel und sprich: Am ersten Tage des siebenten Monats sollt ihr den heiligen Sabbat des Blasens zum Gedächtnis halten, da ihr zusammenkommt;

25 da sollt ihr keine Dienstarbeit tun und

sollt dem HERRN opfern.

26 Und der HERR redete mit Mose und sprach:

27 Des zehnten Tages in diesem siebenten Monat ist der Versöhnungstag. Der soll bei euch heilig heißen, daß ihr zusammenkommt; da sollt ihr euren Leib kasteien und dem HERRN opfern

28 und sollt keine Arbeit tun an diesem Tage; denn es ist der Versöhnungstag, daß ihr versöhnt werdet vor dem HERRN, eurem Gott.

29 Denn wer seinen Leib nicht kasteit an diesem Tage, der soll aus seinem Volk ausgerottet werden.

30 Und wer dieses Tages irgend eine Arbeit tut, den will ich vertilgen aus seinem Volk.

31 Darum sollt ihr keine Arbeit tun. Das soll ein ewiges Recht sein euren Nachkommen in allen ihren Wohnungen.

32 Es ist euer großer Sabbat, daß ihr eure Leiber kasteit. Am neunten Tage des Monats zu Abend sollt ihr diesen Sabbat halten, von Abend bis wieder zu Abend.

33 Und der HERR redete mit Mose und sprach:

34 Rede mit den Kindern Israel und sprich: Am fünfzehnten Tage dieses siebenten Monats ist das Fest der Laubhütten sieben Tage dem HERRN.

35 Der erste Tag soll heilig heißen, daß ihr zusammenkommt; keine Dienstarbeit sollt ihr tun.

36 Sieben Tage sollt ihr dem HERRN opfern. Der achte Tag soll auch heilig heißen, daß ihr zusammenkommt, und sollt eure Opfer dem HERRN tun; denn es ist der Tag der Versammlung; keine Dienstarbeit sollt ihr tun.

37 Das sind die Feste des HERRN, die ihr sollt für heilig halten, daß ihr zusammenkommt und dem HERRN Opfer tut: Brandopfer, Speisopfer, Trankopfer und andere Opfer, ein jegliches nach seinem Tage,

38 außer was die Sabbate des HERRN und eure Gaben und Gelübde und freiwillige Gaben sind, die ihr dem HERRN gebt.

39 So sollt ihr nun am fünfzehnten Tage des siebenten Monats, wenn ihr die Früchte des Landes eingebracht habt, das Fest des HERRN halten sieben Tage lang.

Am ersten Tage ist es Sabbat, und am achten Tage ist es auch Sabbat.

40 Und sollt am ersten Tage Früchte nehmen von schönen Bäumen, Palmenzweige und Maien von dichten Bäumen und Bachweiden und sieben Tage fröhlich sein vor dem HERRN, eurem Gott.

41 Und sollt also dem HERRN das Fest halten sieben Tage des Jahres. Das soll ein ewiges Recht sein bei euren Nachkommen, daß sie im siebenten Monat also feiern.

42 Sieben Tage sollt ihr in Laubhütten wohnen; wer einheimisch ist in Israel, der soll in Laubhütten wohnen,

43 daß eure Nachkommen wissen, wie ich die Kinder Israel habe lassen in Hütten wohnen, da ich sie aus Ägyptenland führte. Ich bin der HERR, euer Gott.

44 Und Mose sagte den Kindern Israel solche Feste des HERRN.

24. Kapitel

Gesetze von den Lampen und Schaubroten.
Steinigung des Gotteslästerers.
Strafe des Totschlags
und körperlicher Verletzungen.

1 Und der HERR redete mit Mose und sprach:

2 Gebiete den Kindern Israel, daß sie zu dir bringen gestoßenes lauteres Baumöl zur Leuchte, daß man täglich Lampen aufsetze

3 außen vor dem Vorhang des Zeugnisses in der Hütte des Stifts. Und Aaron soll's zurichten des Abends und des Morgens vor dem HERRN täglich. Das sei ein ewiges Recht euren Nachkommen.

4 Er soll die Lampen auf dem feinen Leuchter zurichten vor dem HERRN täglich.

5 Und sollst Semmelmehl nehmen und davon zwölf Kuchen backen; zwei Zehntel soll ein Kuchen haben.

6 Und sollst sie legen je sechs auf eine Schicht auf den feinen Tisch vor dem

HERRN.

7 Und sollst auf dieselben legen reinen Weihrauch, daß er sei bei den Broten zum Gedächtnis, ein Feuer dem HERRN.

8 Alle Sabbate für und für soll er sie zurichten vor dem HERRN, von den Kindern Israel zum ewigen Bund.

9 Und sie sollen Aarons und seiner Söhne sein; die sollen sie essen an heiliger Stätte; denn das ist ein Hochheiliges von den Opfern des HERRN zum ewigen Recht.

10 Es ging aber aus eines israelitischen Weibes Sohn, der eines ägyptischen Mannes Kind war, unter den Kindern Israel und zankte sich im Lager mit einem israelitischen Mann

11 und lästerte den Namen des HERRN und fluchte. Da brachten sie ihn zu Mose (seine Mutter aber hieß Selomith, eine Tochter Dibris vom Stamme Dan)

12 und legten ihn gefangen, bis ihnen klare Antwort würde durch den Mund des HERRN.

13 Und der HERR redete mit Mose und sprach:

14 Führe den Flucher hinaus vor das

Lager und laß alle, die es gehört haben, ihre Hände auf sein Haupt legen und laß ihn die ganze Gemeinde steinigen.

15 Und sage den Kindern Israel: Welcher seinem Gott flucht, der soll seine Sünde tragen.

16 Welcher des HERRN Namen lästert, der soll des Todes sterben; die ganze Gemeinde soll ihn steinigen. Wie der Fremdling, so soll auch der Einheimische sein; wenn er den Namen lästert, so soll er sterben.

17 Wer irgend einen Menschen erschlägt, der soll des Todes sterben.

18 Wer aber ein Vieh erschlägt, der soll's bezahlen, Leib um Leib.

19 Und wer seinen Nächsten verletzt, dem soll man tun, wie er getan hat,

20 Schade um Schade, Auge um Auge, Zahn um Zahn; wie er hat einen Menschen verletzt, so soll man ihm wieder tun.

21 Also daß, wer ein Vieh erschlägt, der soll's bezahlen; wer aber einen Menschen erschlägt, der soll sterben.

22 Es soll einerlei Recht unter euch sein, dem Fremdling wie dem Einheimischen;

denn ich bin der HERR, euer Gott.

23 Mose aber sagte es den Kindern Israel; und sie führten den Flucher hinaus vor das Lager und steinigten ihn. Also taten die Kinder Israel, wie der HERR dem Mose geboten hatte.

25. Kapitel

Vom Sabbat- und Halljahr.

1 Und der HERR redete mit Mose auf dem Berge Sinai und sprach:

2 Rede mit den Kindern Israel und sprich zu ihnen: Wenn ihr in das Land kommt, das ich euch geben werde, so soll das Land seinen Sabbat dem HERRN feiern,

3 daß du sechs Jahre dein Feld besäest und sechs Jahre deinen Weinberg beschneidest und sammelst die Früchte ein;

4 aber im siebenten Jahr soll das Land seinen großen Sabbat dem HERRN feiern, darin du dein Feld nicht besäen noch deinen Weinberg beschneiden sollst.

5 Was aber von selber nach deiner Ernte

wächst, sollst du nicht ernten, und die Trauben, so ohne deine Arbeit wachsen, sollst du nicht lesen, dieweil es ein Sabbatjahr des Landes ist.

6 Aber was das Land während seines Sabbats trägt, davon sollt ihr essen, du und dein Knecht, deine Magd, dein Tagelöhner, dein Beisaß, dein Fremdling bei dir,

7 dein Vieh und die Tiere in deinem Lande; alle Früchte sollen Speise sein.

8 Und du sollst zählen solcher Sabbatjahre sieben, daß sieben Jahre siebenmal gezählt werden, und die Zeit der sieben Sabbatjahre mache neunundvierzig Jahre.

9 Da sollst du die Posaune lassen blasen durch all euer Land am zehnten Tage des siebenten Monats, eben am Tage der Versöhnung.

10 Und ihr sollt das fünfzigste Jahr heiligen und sollt ein Freijahr ausrufen im Lande allen, die darin wohnen; denn es ist euer Halljahr. Da soll ein jeglicher bei euch wieder zu seiner Habe und zu seinem Geschlecht kommen;

11 denn das fünfzigste Jahr ist euer

Halljahr. Ihr sollt nicht säen, auch was von selber wächst, nicht ernten, auch was ohne Arbeit wächst im Weinberge, nicht lesen;

12 denn das Halljahr soll unter euch heilig sein. Ihr sollt aber essen, was das Feld trägt.

13 Das ist das Halljahr, da jedermann wieder zu dem Seinen kommen soll.

14 Wenn du nun etwas deinem Nächsten verkaufst oder ihm etwas abkaufst, soll keiner seinen Bruder übervorteilen,

15 sondern nach der Zahl der Jahre vom Halljahr an sollst du es von ihm kaufen; und was die Jahre hernach tragen mögen, so hoch soll er dir's verkaufen.

16 Nach der Menge der Jahre sollst du den Kauf steigern, und nach der wenigen der Jahre sollst du den Kauf verringern; denn er soll dir's, nach dem es tragen mag, verkaufen.

17 So übervorteile nun keiner seinen Nächsten, sondern fürchte dich vor deinem Gott; denn ich bin der HERR, euer Gott.

18 Darum tut nach meinen Satzungen und haltet meine Rechte, daß ihr darnach

tut, auf daß ihr im Lande sicher wohnen möget.

19 Denn das Land soll euch seine Früchte geben, daß ihr zu essen genug habet und sicher darin wohnt.

20 Und ob du würdest sagen: Was sollen wir essen im siebenten Jahr? denn wir säen nicht, so sammeln wir auch kein Getreide ein:

21 da will ich meinem Segen über euch im sechsten Jahr gebieten, das er soll dreier Jahr Getreide machen,

22 daß ihr säet im achten Jahr und von dem alten Getreide esset bis in das neunte Jahr, daß ihr vom alten esset, bis wieder neues Getreide kommt.

23 Darum sollt ihr das Land nicht verkaufen für immer; denn das Land ist mein, und ihr seid Fremdlinge und Gäste vor mir.

24 Und sollt in all eurem Lande das Land zu lösen geben.

25 Wenn dein Bruder verarmt, und verkauft dir seine Habe, und sein nächster Verwandter kommt zu ihm, daß er's löse, so soll er's lösen, was sein Bruder verkauft hat.

26 Wenn aber jemand keinen Löser hat und kann mit seiner Hand so viel zuwege bringen, daß er's löse,

27 so soll er rechnen von dem Jahr, da er's verkauft hat, und was noch übrig ist, dem Käufer wiedergeben und also wieder zu seiner Habe kommen.

28 Kann aber seine Hand nicht so viel finden, daß er's ihm wiedergebe, so soll, was er verkauft hat, in der Hand des Käufers bleiben bis zum Halljahr; in demselben soll es frei werden und er wieder zu seiner Habe kommen.

29 Wer ein Wohnhaus verkauft in einer Stadt mit Mauern, der hat ein ganzes Jahr Frist, dasselbe wieder zu lösen; das soll die Zeit sein, darin er es lösen kann.

30 Wo er's aber nicht löst, ehe denn das ganze Jahr um ist, so soll's der Käufer für immer behalten und seine Nachkommen, und es soll nicht frei werden im Halljahr.

31 Ist's aber ein Haus auf dem Dorfe, um das keine Mauer ist, das soll man dem Feld des Landes gleich rechnen, und es soll können los werden und im Halljahr frei werden.

32 Die Städte der Leviten aber, nämlich

die Häuser in den Städten, darin ihre Habe ist, können immerdar gelöst werden.

33 Wer etwas von den Leviten löst, der soll's verlassen im Halljahr, es sei Haus oder Stadt, das er besessen hat; denn die Häuser in den Städten der Leviten sind ihre Habe unter den Kindern Israel.

34 Aber das Feld vor ihren Städten soll man nicht verkaufen; denn das ist ihr Eigentum ewiglich.

35 Wenn dein Bruder verarmt und neben dir abnimmt, so sollst du ihn aufnehmen als einen Fremdling oder Gast, daß er lebe neben dir,

36 und sollst nicht Zinsen von ihm nehmen noch Wucher, sondern sollst dich vor deinem Gott fürchten, auf daß dein Bruder neben dir leben könne.

37 Denn du sollst ihm dein Geld nicht auf Zinsen leihen noch deine Speise auf Wucher austun.

38 Denn ich bin der HERR, euer Gott, der euch aus Ägyptenland geführt hat, daß ich euch das Land Kanaan gäbe und euer Gott wäre.

39 Wenn dein Bruder verarmt neben dir

und verkauft sich dir, so sollst du ihn nicht lassen dienen als einen Leibeigenen;

40 sondern wie ein Tagelöhner und Gast soll er bei dir sein und bis an das Halljahr bei dir dienen.

41 Dann soll er von dir frei ausgehen und seine Kinder mit ihm und soll wiederkommen zu seinem Geschlecht und zu seiner Väter Habe.

42 Denn sie sind meine Knechte, die ich aus Ägyptenland geführt habe; darum soll man sie nicht auf leibeigene Weise verkaufen.

43 Und sollst nicht mit Strenge über sie herrschen, sondern dich fürchten vor deinem Gott.

44 Willst du aber leibeigene Knechte und Mägde haben, so sollst du sie kaufen von den Heiden, die um euch her sind,

45 und auch von den Kindern der Gäste, die Fremdlinge unter euch sind, und von ihren Nachkommen, die sie bei euch in eurem Land zeugen; dieselben mögt ihr zu eigen haben

46 und sollt sie besitzen und eure Kinder nach euch zum Eigentum für und für; die sollt ihr leibeigene Knechte sein lassen.

Aber von euren Brüdern, den Kindern Israel, soll keiner über den andern herrschen mit Strenge.

47 Wenn irgend ein Fremdling oder Gast bei dir zunimmt und dein Bruder neben ihm verarmt und sich dem Fremdling oder Gast bei dir oder jemand von seinem Stamm verkauft,

48 so soll er nach seinem Verkaufen Recht haben, wieder frei zu werden, und es mag ihn jemand unter seinen Brüdern lösen,

49 oder sein Vetter oder Vetters Sohn oder sonst ein Blutsfreund seines Geschlechts; oder so seine Hand so viel erwirbt, so soll er selbst sich lösen.

50 Und soll mit seinem Käufer rechnen von dem Jahr an, da er sich verkauft hatte, bis aufs Halljahr; und das Geld, darum er sich verkauft hat, soll nach der Zahl der Jahre gerechnet werden, als wäre er die ganze Zeit Tagelöhner bei ihm gewesen.

51 Sind noch viele Jahre bis an das Halljahr, so soll er nach denselben desto mehr zu seiner Lösung wiedergeben von dem Gelde darum er gekauft ist.

52 Sind aber wenig Jahre übrig bis ans

Halljahr, so soll er auch darnach wiedergeben zu seiner Lösung.

53 Als Tagelöhner soll er von Jahr zu Jahr bei ihm sein, und sollst nicht lassen mit Strenge über ihn herrschen vor deinen Augen.

54 Wird er aber auf diese Weise sich nicht lösen, so soll er im Halljahr frei ausgehen und seine Kinder mit ihm.

55 Denn die Kinder Israel sind meine Knechte, die ich aus Ägyptenland geführt habe. Ich bin der HERR, euer Gott.

26. Kapitel

Verheißener Segen gedrohter Fluch.

1 Ihr sollt keine Götzen machen noch Bild und sollt euch keine Säule aufrichten, auch keinen Malstein setzen in eurem Lande, daß ihr davor anbetet; denn ich bin der HERR, euer Gott.

2 Haltet meine Sabbate und fürchtet euch vor meinem Heiligtum. Ich bin der HERR.

3 Werdet ihr in meinen Satzungen

wandeln und meine Gebote halten und tun,

4 so will ich euch Regen geben zu seiner Zeit, und das Land soll sein Gewächs geben und die Bäume auf dem Felde ihre Früchte bringen,

5 und die Dreschzeit soll reichen bis zur Weinernte, und die Weinernte bis zur Zeit der Saat; und sollt Brots die Fülle haben und sollt sicher in eurem Lande wohnen.

6 Ich will Frieden geben in eurem Lande, daß ihr schlafet und euch niemand schrecke. Ich will die bösen Tiere aus eurem Land tun, und soll kein Schwert durch euer Land gehen.

7 Ihr sollt eure Feinde jagen, und sie sollen vor euch her ins Schwert fallen.

8 Euer fünf sollen hundert jagen, und euer hundert sollen zehntausend jagen; denn eure Feinde sollen vor euch her fallen ins Schwert.

9 Und ich will mich zu euch wenden und will euch wachsen und euch mehren lassen und will meinen Bund euch halten.

10 Und sollt von dem Vorjährigen essen, und wenn das Neue kommt, das Vorjährige wegtun.

11 Ich will meine Wohnung unter euch haben, und meine Seele soll euch nicht verwerfen.

12 Und will unter euch wandeln und will euer Gott sein; so sollt ihr mein Volk sein.

13 Denn ich bin der HERR, euer Gott, der euch aus Ägyptenland geführt hat, daß ihr meine Knechte wäret, und habe euer Joch zerbrochen und habe euch aufgerichtet wandeln lassen.

14 Werdet ihr mir aber nicht gehorchen und nicht tun diese Gebote alle

15 und werdet meine Satzungen verachten und eure Seele wird meine Rechte verwerfen, daß ihr nicht tut alle meine Gebote, und werdet meinen Bund brechen,

16 so will ich euch auch solches tun: ich will euch heimsuchen mit Schrecken, Darre und Fieber, daß euch die Angesichter verfallen und der Leib verschmachte; ihr sollt umsonst euren Samen säen, und eure Feinde sollen ihn essen;

17 und ich will mein Antlitz wider euch stellen, und sollt geschlagen werden vor euren Feinden; und die euch hassen,

sollen über euch herrschen, und sollt fliehen, da euch niemand jagt.

18 So ihr aber über das noch nicht mir gehorcht, so will ich's noch siebenmal mehr machen, euch zu strafen um eure Sünden,

19 daß ich euren Stolz und eure Halsstarrigkeit breche; und will euren Himmel wie Eisen und eure Erde wie Erz machen.

20 Und eure Mühe und Arbeit soll verloren sein, daß euer Land sein Gewächs nicht gebe und die Bäume des Landes ihre Früchte nicht bringen.

21 Und wo ihr mir entgegen wandelt und mich nicht hören wollt, so will ich's noch siebenmal mehr machen, auf euch zu schlagen um eurer Sünden willen.

22 Und will wilde Tiere unter euch senden, die sollen eure Kinder fressen und euer Vieh zerreißen und euer weniger machen, und eure Straßen sollen wüst werden.

23 Werdet ihr euch aber damit noch nicht von mir züchtigen lassen und mir entgegen wandeln,

24 so will ich euch auch entgegen

wandeln und will euch noch siebenmal mehr schlagen um eurer Sünden willen

25 und will ein Racheschwert über euch bringen, das meinen Bund rächen soll. Und ob ihr euch in eure Städte versammelt, will ich doch die Pestilenz unter euch senden und will euch in eurer Feinde Hände geben.

26 Dann will ich euch den Vorrat des Brots verderben, daß zehn Weiber sollen in einem Ofen backen, und euer Brot soll man mit Gewicht auswägen, und wenn ihr esset, sollt ihr nicht satt werden.

27 Werdet ihr aber dadurch mir noch nicht gehorchen und mir entgegen wandeln,

28 so will ich euch im Grimm entgegen wandeln und will euch siebenmal mehr strafen um eure Sünden,

29 daß ihr sollt eurer Söhne und Töchter Fleisch essen.

30 Und will eure Höhen vertilgen und eure Sonnensäulen ausrotten und will eure Leichname auf eure Götzen werfen, und meine Seele wird an euch Ekel haben.

31 Und will eure Städte einreißen und

will euren süßen Geruch nicht riechen.

32 Also will ich das Land wüst machen, daß eure Feinde, so darin wohnen, sich davor entsetzen werden.

33 Euch aber will ich unter die Heiden streuen, und das Schwert ausziehen hinter euch her, daß euer Land soll wüst sein und eure Städte verstört.

34 Alsdann wird das Land sich seine Sabbate gefallen lassen, solange es wüst liegt und ihr in der Feinde Land seid; ja, dann wird das Land feiern und sich seine Sabbate gefallen lassen.

35 Solange es wüst liegt, wird es feiern, darum daß es nicht feiern konnte, da ihr's solltet feiern lassen, da ihr darin wohntet.

36 Und denen, die von euch übrigbleiben will ich ein feiges Herz machen in ihrer Feinde Land, daß sie soll ein rauschend Blatt jagen, und soll fliehen davor, als jage sie ein Schwert, und fallen, da sie niemand jagt.

37 Und soll einer über den andern hinfallen, gleich als vor dem Schwert, da sie doch niemand jagt; und ihr sollt euch nicht auflehnen dürfen wider eure Feinde.

38 Und ihr sollt umkommen unter den

Heiden, und eurer Feinde Land soll euch fressen.

39 Welche aber von euch übrigbleiben, die sollen in ihrer Missetat verschmachten in der Feinde Land; auch in ihrer Väter Missetat sollen sie mit ihnen verschmachten.

40 Da werden sie denn bekennen ihre Missetat und ihrer Väter Missetat, womit sie sich an mir versündigt und mir entgegen gewandelt haben.

41 Darum will ich auch ihnen entgegen wandeln und will sie in ihrer Feinde Land wegtreiben; da wird sich ja ihr unbeschnittenes Herz demütigen, und dann werden sie sich die Strafe ihrer Missetat gefallen lassen.

42 Und ich werde gedenken an meinen Bund mit Jakob und an meinen Bund mit Isaak und an meinen Bund mit Abraham und werde an das Land gedenken,

43 das von ihnen verlassen ist und sich seine Sabbate gefallen läßt, dieweil es wüst von ihnen liegt, und sie sich die Strafe ihrer Missetat gefallen lassen, darum daß sie meine Rechte verachtet haben und ihre Seele an meinen

Satzungen Ekel gehabt hat.

44 Auch wenn sie schon in der Feinde Land sind, habe ich sie gleichwohl nicht verworfen und ekelt mich ihrer nicht also, daß es mit ihnen aus sein sollte und mein Bund mit ihnen sollte nicht mehr gelten; denn ich bin der HERR, ihr Gott.

45 Und ich will über sie an meinen ersten Bund gedenken, da ich sie aus Ägyptenland führte vor den Augen der Heiden, daß ich ihr Gott wäre, ich, der HERR.

46 Dies sind die Satzungen und Rechte und Gesetze, die der HERR zwischen ihm selbst und den Kindern Israel gestellt hat auf dem Berge Sinai durch die Hand Mose's.

27. Kapitel

Was man geloben und nach der Schätzung des Priesters lösen darf, und was nicht.

1 Und der HERR redete mit Mose und sprach:

2 Rede mit den Kindern Israel und sprich

zu ihnen: Wenn jemand ein besonderes Gelübde tut, also daß du seinen Leib schätzen mußt,

3 so soll dies eine Schätzung sein: ein Mannsbild, zwanzig Jahre alt bis ins sechzigste Jahr, sollst du schätzen auf fünfzig Silberlinge nach dem Lot des Heiligtums,

4 ein Weibsbild auf dreißig Silberlinge.

5 Von fünf Jahren an bis auf zwanzig Jahre sollst du ihn schätzen auf zwanzig Silberlinge, wenn's ein Mannsbild ist, ein Weibsbild aber auf zehn Silberlinge.

6 Von einem Monat an bis auf fünf Jahre sollst du ihn schätzen auf fünf Silberlinge, wenn's ein Mannsbild ist, ein Weibsbild aber auf drei Silberlinge.

7 Ist er aber sechzig Jahre alt und darüber, so sollst du ihn schätzen auf fünfzehn Silberlinge, wenn's ein Mannsbild ist, ein Weibsbild aber auf zehn Silberlinge.

8 Ist er aber zu arm zu solcher Schätzung, so soll er sich vor den Priester stellen, und der Priester soll ihn schätzen; er soll ihn aber schätzen, nach dem die Hand des, der gelobt hat, erwerben kann.

9 Ist's aber ein Vieh, das man dem HERRN opfern kann: alles, was man davon dem HERRN gibt, ist heilig.

10 Man soll's nicht wechseln noch wandeln, ein gutes um ein böses, oder ein böses um ein gutes. Wird's aber jemand wechseln, ein Vieh um das andere, so sollen sie beide dem HERRN heilig sein.

11 Ist aber das Tier unrein, daß man's dem HERRN nicht opfern darf, so soll man's vor den Priester stellen,

12 und der Priester soll's schätzen, ob es gut oder böse sei; und es soll bei des Priesters Schätzung bleiben.

13 Will's aber jemand lösen, der soll den Fünften über die Schätzung geben.

14 Wenn jemand sein Haus heiligt, daß es dem HERRN heilig sei, das soll der Priester schätzen, ob's gut oder böse sei; und darnach es der Priester schätzt, so soll's bleiben.

15 So es aber der, so es geheiligt hat, will lösen, so soll er den fünften Teil des Geldes, zu dem es geschätzt ist, draufgeben, so soll's sein werden.

16 Wenn jemand ein Stück Acker von

seinem Erbgut dem HERRN heiligt, so soll es geschätzt werden nach der Aussaat. Ist die Aussaat ein Homer Gerste, so soll es fünfzig Silberlinge gelten.

17 Heiligt er seinen Acker vom Halljahr an, so soll er nach seinem Wert gelten.

18 Hat er ihn aber nach dem Halljahr geheiligt, so soll der Priester das Geld berechnen nach den übrigen Jahren zum Halljahr und ihn darnach geringer schätzen.

19 Will aber der, so ihn geheiligt hat, den Acker lösen, so soll er den fünften Teil des Geldes, zu dem er geschätzt ist, draufgeben, so soll er sein werden.

20 Will er ihn aber nicht lösen, sondern verkauft ihn einem andern, so soll er ihn nicht mehr lösen können;

21 sondern derselbe Acker, wenn er im Halljahr frei wird, soll dem HERRN heilig sein wie ein verbannter Acker und soll des Priesters Erbgut sein.

22 Wenn aber jemand dem HERRN einen Acker heiligt, den er gekauft hat und der nicht sein Erbgut ist,

23 so soll der Priester berechnen, was er gilt bis an das Halljahr; und soll desselben

Tages solche Schätzung geben, daß sie dem HERRN heilig sei.

24 Aber im Halljahr soll er wieder gelangen an den, von dem er ihn gekauft hat, daß sein Erbgut im Lande sei.

25 Alle Schätzung soll geschehen nach dem Lot des Heiligtums; ein Lot aber hat zwanzig Gera.

26 Die Erstgeburt unter dem Vieh, die dem HERRN sonst gebührt, soll niemand dem HERRN heiligen, es sei ein Ochs oder Schaf; denn es ist des HERRN.

27 Ist es aber unreines Vieh, so soll man's lösen nach seinem Werte, und darübergeben den Fünften. Will er's aber nicht lösen, so verkaufe man's nach seinem Werte.

28 Man soll kein Verbanntes verkaufen noch lösen, das jemand dem HERRN verbannt von allem, was sein ist, es seien Menschen, Vieh oder Erbacker; denn alles verbannte ist ein Hochheiliges dem HERRN.

29 Man soll auch keinen verbannten Menschen lösen, sondern er soll des Todes sterben.

30 Alle Zehnten im Lande von Samen

des Landes und von Früchten der Bäume sind des HERRN und sollen dem HERRN heilig sein.

31 Will aber jemand seinen Zehnten lösen, der soll den Fünften darübergeben.

32 Und alle Zehnten von Rindern und Schafen, von allem, was unter dem Hirtenstabe geht, das ist ein heiliger Zehnt dem HERRN.

33 Man soll nicht fragen, ob's gut oder böse sei; man soll's auch nicht wechseln. Wird's aber jemand wechseln, so soll's beides heilig sein und nicht gelöst werden.

34 Dies sind die Gebote, die der HERR dem Mose gebot an die Kinder Israel auf dem Berge Sinai.

Anhang und Register

(1) 17, 5 - 6 Die Heiden bereiteten durch ihre Götzenopfer das Od zum Verkehr mit der bösen Geisterwelt. Im Offenbarungszelte Gottes diente die Odbereitung dem Verkehr Gottes und seiner hohen Geister mit dem israelitischen Volke. Das besagen auch die Worte, die Gott zu Mose sprach: 'Der Priester soll das Blut an den Altar des Herrn vor dem Eingang des Offenbarungszeltes sprengen und das Fett zu lieblichem Geruch für den Herrn in Rauch aufgehen lassen. Sie sollen also ihre Schlachttiere hinfort nicht mehr den bösen Geistern schlachten, deren Götzendienst sie jetzt treiben'.

(2) 19, 26 Die Israeliten hatten das Befragen der geistig 'Toten' in Ägypten betrieben und waren dort zum großen Teil dem Götzendienst verfallen. Deshalb gehörte das Verbot Gottes, die Toten zu befragen, zu den ersten Weisungen, die Gott den Israeliten nach dem Auszug aus Ägypten gab: 'Ihr sollt keine Wahrsagerei noch Zauberei treiben!'

(3) 19, 31 Wendet euch nicht an die Totenbeschwörer und an die Wahrsager, suchet sie nicht auf, damit ihr nicht durch sie verunreinigt werdet. Ich bin der Herr, euer Gott.

(4) 20, 27 Wenn sich jemand an die Totenbeschwörer und Wahrsager wendet, um Götzendienst mit ihnen zu treiben, so will ich mein Angesicht gegen einen solchen Menschen kehren und ihn aus der Mitte meines Volkes ausrotten.

(5) 20, 27 Wenn ein Mann oder ein Weib einen Geist der Totenbeschwörung oder einen Wahrsagergeist in sich hat, so sollen sie unfehlbar mit dem Tode bestraft werden. Man soll sie steinigen. Blutschuld lastet auf ihnen.

In diesen Götzen ist die Tatsache enthalten, daß die Totenbeschwörer männlichen und weiblichen Geschlechts 'Medien' waren, aus denen böse Geister sprachen. Diese Medien waren für ihre Verbindung mit dem Bösen selbst verantwortlich. Sie hätten das Böse abweisen können, wenn sie sich gläubig an Gott gewandt hätten und mit der guten Geisterwelt in Verkehr getreten wären. Ihre Strafe war daher berechtigt. - Andere traten durch 'Hellsehen' mit der bösen Geisterwelt in Verbindung.

Siehe und vergleiche auch andere Bibelübersetzungen. Siehe außerdem: Der Verkehr mit der Geisterwelt Gottes, seine Gesetze und sein Zweck..(Quelle)